玉村豊男の

ポテトブック

玉村豊男

朝日出版社

はじめに

伊丹十三さんの思い出

この本は、1976年に発行された、伊丹十三さんの『ポテト・ブック』(ブックマン社)の後を継ぐものです。伊丹さんの本はマーナ・デイヴィスというアメリカ女性が書いた本を軽妙な文章で翻訳したものですが、私の本は自分で書きました。が、レシピをたくさん載せているけれどもいっさい料理の写真がないこと、そのかわり人気イラストレーターの作品をたくさん載せているところなどは、先輩の本のつくりかたを継承しています。

　伊丹十三さんは、俳優であり、エッセイストであり、映画監督としても『お葬式』『タンポポ』『マルサの女』などの作品を遺し、イラストも描き、料理通でもあった、多岐にわたる才能に溢れた趣味人でした。1997年に64歳で亡くなったので、いまの若い人たちの中には知らない人もいるかもしれませんが、日本にいち早くヨーロッパ式のライフスタイルを、みずから実践しながら紹介した人でもありました。

　伊丹さんとは、彼が雑誌『モノンクル』の編集長をしていたときに会いました。私はその雑誌に「TOKIO不思議ガイド」という連載を書き、それ以来、個人的にも親しくなりました。あるとき、用事はないのに、突然電話をもらったことがあります。

「タマムラさん、ぼくたちカタストロフィー症候群だね」

精神分析にも詳しかった伊丹さんは、最近そんな言葉を知ったというのです。いったんなにかに夢中になると、そのことばかりに没頭して、寝ても覚めてもそのことを考える。でも、いつかは終わりがやってきて、ある瞬間から憑きものが落ちたようにケロッと忘れてしまう……言われてみれば、たしかにその通りです。先輩に同類と認められたのはうれしいけれど、果たしてその性癖はよいものかどうか。

この本を書くと決めてから、資料を集め、レシピを調べ、ジャガイモの専門家に話を聞き……原稿を書きはじめてからは、ほかの仕事は放り出し、文字通り寝る間も惜しんで机に向かいました。朝から晩まで、なにをしていてもジャガイモのことを考えている。まさに破局に向かって一直線……。

ですが、幸い、まだカタストロフィーの瞬間は訪れていません。本を書き終わってからも、家庭菜園で採れたジャガイモを、毎日あれこれ考えながら、料理しています。

ジャガイモは奥深い。食べれば尽きない滋味がある。調べればどんどん分からないことが増えてくる。みなさんも、ジャガイモに夢中になってみませんか。

玉村豊男のポテトブック　もくじ

ポテトをめぐる物語

新大陸の贈りもの

ジャガイモは、新大陸からヨーロッパへの最高の贈りものだった。アメリカ大陸から伝えられた植物には、ほかにもトマト、トウモロコシ、トウガラシ、カボチャ、インゲンマメ、タバコ……など重要な作物がたくさんあるが、なかでもジャガイモが果たした役割は絶大であった。もちろん、大航海時代の交流によって旧大陸からもキャベツやレタスやニンニクやタマネギがアメリカに伝わったが、度重なる飢饉によって疲弊の極致にあった人びとを救ったという点において、ジャガイモに勝る功績をもつ野菜はない。

ジャガイモは、紀元前5世紀から栽培されていたといわれる古い植物である。原産地はアンデス山地で、ペルーからボリビアにかけての高地に自生していた野生種がたがいに交配したものと見られている。

この地の先住民族の食糧としては、神格化されていたトウモロコシに次いで重要な作物だが、トウモロコシよりさらに高い標高4000mに達する山地でも栽培ができる特性と、チューニョとして通年保存ができる利便性から、実質的にはインカ帝国の礎を築いたもっとも重要な作物であるといってよい。

チューニョというのは、フリーズドライ（凍結乾燥）による保存ジャガイモである。寒暖の差の激しい高地では、イモを夜のあいだ外に出しておくと凍結する。それが昼の太陽で溶けたところを足で踏んで、イモの中の水分を出してしまう。この作業を何日か繰り返して、完全に水分の抜けた乾燥ジャガイモをつくるのである。私もペルーへ旅したときに買ってきたことがあるが、イモというよりは軽石のようなスカスカの物体で、煮戻して食べると不思議な味がした。インカ帝国ではこれを大量につくって各地の倉に保存し、必要に応じて人民に配給して治安を図るとともに、帝国の誇る強大な軍隊が遠征する際の兵《ひょう》糧《ろう》として活用した。

ジャガイモがヨーロッパに知られたのは、1533年にフランシスコ・ピサロが率いるスペインの侵略者たちがインカ帝国を征服したときで、このときに持ち帰ったジャガイモが時の教皇に献上されるなどして旧大陸にはじめて紹介された。

コロンブスはこれより先に西インド諸島に上陸しているわけだが、カリブ海の島にはサツマイモはあったけれどもジャガイモはなかった。高地で栽培されていたジャガイモはこの頃まだメキシコ半島でさえ知られていなかったという報告もある。

サツマイモも新大陸原産の重要な作物で、伝播の時期はジャガイモと同じであるにもかかわらず、現在のヨーロッパでジャガイモがまるで何千年も前からあったような顔をして生活にとけ込んでいるのに対し、寒冷な気候に対する適応力の差だろうか、サツマイモのほうはあまり普及せず、いまだに異国的な野菜のイメージが拭えない。

また、ナス科のジャガイモ、ヒルガオ科のサツマイモと同様、ヒマワリ科のキクイモ（トピナンブール）も新大陸から伝えられ、アーティチョーク（朝鮮アザミ）に似た風味があるとして最初のうちはジャガイモより人気が出たが、その後はあまりふるわなかった。最近になって、「珍しい野菜」としてレストランで使われる程度である。

結局、新大陸から伝えられたイモ類の中ではジャガイモだけが、普及に時間はかかったものの、上陸から3世紀ほど後にはヨーロッパ全域で、生きていくためになくてはならない野菜として絶対的な地位を獲得することになったのである。

不謹慎な植物

はじめて見るジャガイモは、彼らが知っている野菜のどれにも似ていない、奇妙なかたちをした野菜だった。イタリア人は土の中にできる点とごつごつした塊茎《かいけい》がトリュフを連想させるといい、フランス人は丸いかたちをリンゴになぞらえて「土の中のリンゴ（ポンム・ド・テール）」と表現した。どこの国でも、ジャガイモが土の中にできるのを不思議に思ったらしい。

土の中にできるのはカブもニンジンも同じだが、彼らが知っている根菜類はあきらかに根が太くなったものだし、ふつう、太った根のいちばん上の部分は多少土からはみ出して見えるものである。しかしジャガイモは、完全な地下の暗闇で、ひとつどころか数個あるいはそれ以上もたくさんの塊をつくり、しかもその大小の塊は、知らないうちにどんどん増えていくのだ。これは、どうみても怪しい。この植物は、見えないところでセックスをして、子供を増やしているのではないか……。

ジャガイモに関する記述が聖書にない、というのも、キリスト教徒にはこの野菜を忌避する大きな理由になった。

聖書が書かれた時点では旧大陸には存在していなかったのだからしかたないが、聖書に載っていないという点ではキャベツも同じである。キャベツは古代のギリシャやローマではすでによく知られており、ヘブライ人の居住地域にも伝わっていたはずなのだが、彼らはこの植物に関心を抱かなかったのか、聖書の記述から漏れている。イギリスをはじめとするヨーロッパ諸国には「赤ん坊はキャベツから生まれる」という言い伝えがあって、割れ目から子供が顔を出したキャベツが畑に並んでいる絵なども描かれているというのに、こちらのほうはお咎《とが》めなしである。

また、同じアメリカ産の新参者でも、インゲンマメなどはよく知っているほかの豆に似ているため、まったく抵抗なく受け入れられた。やはり、その見慣れない不定な形状と、見えないところで増えるのが気味悪がられたのだろう。

ジャガイモは毒だ、という説もあった。実際ジャガイモは、芽の部分や日が当たって緑色になった部分にはソラニンという有毒物質が含まれるが、当時のジャガイモはいまよりもソラニンの含有量が多かったともいう。だからときに皮膚が爛《ただ》れたり吹き出物が出たりする症状があらわれ、それが忌わしい病気を思い起こさせて人びとに恐怖を植えつけた。しかし、ジャガイモがなかなか普及しなかった最大の理由は、当時のイモが小さくて不味《まず》くて食べにくかったことだろう。苦みがあったし、消化も悪かった。

最初は、クリのように焼いて食べていたらしい。小さいから皮ごと食べるしかなく、泥臭いので、彼らが毎日食べている豆やキャベツの煮込みスープに入れられないのもネックになった。

アンデスの先住民たちには品種を改良するという意識がなく、大きくてかたちのよいイモは自分たちが食べ、残ったイモを種イモとして植えた。だからしだいに品質は劣化し、ヨーロッパに伝わったのは皮も剥けないほど小さくてかたちの悪いイモばかりだった……という人もいるが、この口ぶりにはやや一方的な責任転嫁のきらいもある。

戦乱と飢饉のヨーロッパ

フランスの食通ブリア・サヴァラン（1755～1826）は、

「私にとってはまったく意味のない食物で、ジャガイモのよいところといえば飢饉のときに役立つということくらいである。それを除けば、これほど味のない食べものを私はほかに知らない」

といい、同じく啓蒙思想家ディドロ（1713～1784）は、

「この根っこは、どんなふうに料理しても味がなく粉っぽいので、食べて快い食物とは言い難いが、生命を維持するためにのみ食物を必要とする人びとにとっては、健康的、かつ十分な量の食糧を供給することができる。ジャガイモを食べるとおならが出るといわれて嫌われるが、農民や労働者の頑丈な内臓なら屁くらい出ても平気だろう」

と述べているように、18世紀の後半に入っても、おいしい食べものを求めるヨーロッパの富裕層にはあいかわらず不評だった。この点では北アメリカも同じようなもので、この頃はまだ豚のエサくらいにしか考えていない人が多かったという。

しかし、味がなくておならが出るかもしれないが、とにかく食べればかさばって腹がふくれること、そしてなによりも安く手に入れることができるのが、上流階級の暮らしに縁のない、貧しい人びとにとってのジャガイモの価値であった。

17世紀から18世紀にかけて、ヨーロッパでは戦乱が絶えなかった。宗教革命をめぐる各地での騒乱。ドイツ、北欧諸国から後半はフランス、スペインまでを巻き込んで続いた、30年戦争。イギリスとオランダの英蘭戦争、ロシアとスウェーデンの北方戦争……断続的に繰り返される戦いに農地は荒廃し、とりわけ戦場の中心となったヨーロッパ北部地域の疲弊は激しかった。

この時期は、頻繁な異常気象にも悩まされていた。18世紀に入ってからは、1709年の厳冬をはじめとして25年、40年、50年、60年、67年と激しい寒波に襲われ、69年からは記録的な不作が4年間続いた。

早くからその救荒作物としての価値に気づいていた聖職者や農学者などによるジャガイモの啓蒙普及活動は、この悲惨な状況に直面してようやく本格化し、フランスではジャガ

イモの伝道者として後世に知られる薬剤師パルマンティエが登場して、ルイ16世やマリー・アントワネットまで駆り出したキャンペーンが大々的におこなわれた。

　しかし、その後も天変地異はおさまらず、85年は旱魃《かんばつ》、87年は豪雨、88年から89年は、寒さ、豪雨、大嵐と追い討ちをかけるように異常な天候が続いて、ヨーロッパ各地の農業に壊滅的な被害をもたらした。飢饉による死者多数、小麦価格は急騰し、1789年7月14日のフランス革命の引き金を引いたのも、飢饉による農民や労働者の困窮であったといわれている。

　戦乱や飢饉のたびに、ジャガイモの作付面積は広がった。ヨーロッパの中部から北部の寒冷な地域では、ジャガイモの生命力が危機を救ってくれた。また小麦の栽培が可能なより温暖な地域でも、小麦の不作によってパンの価格が高騰し、不味くて食べにくいと思われていたジャガイモが、「貧者のパン」としてじわじわと広まっていったのである。

　1760年以降は、品種改良も積極的におこなわれるようになり、食味も生産性もしだいに向上したようで、こうしてスペインからイタリアへ、さらにフランス、ベルギー、イギリス、ドイツおよび北ヨーロッパの各地域へと伝わっていった新大陸の贈りものは、相次ぐ飢饉により崩壊の危機に瀕していた共同体とその底辺に生きる人びとの命を、まさしく土の中から支えたのだった。

　ポンム・ド・テール……土の中のリンゴ。

　アダムとイヴは禁断の木の実であるリンゴを食べたために楽園を追放されたが、地上で生きることを余儀なくされたその子孫たちは土の中のリンゴによって生き延びた……。


15世紀から17世紀にかけてスペイン、ポルトガルをはじめとするヨーロッパ諸国は、金銀やスパイスを求めて、アジアやアメリカ大陸を目指す大規模な航海を繰り返した。この時代はかつて「発見の時代」と呼ばれていたが、1492年にコロンブスが西インド諸島に上陸したことを「新大陸の発見」と呼ぶヨーロッパ中心の歴史の見方を改めようと、60年前に「大航海時代」という名称が提案された。ヨーロッパを「旧大陸」、アメリカを「新大陸」と呼ぶのも旧弊だが、私はすでにその背景は理解されているものと考えて使用した。両大陸が出会うことで作物や疫病が交換されたが、ジャガイモの価値からも分かるようにこの交換はきわめて不平等なものだった（新大陸から旧大陸へは梅毒が伝えられたが、インカ帝国はスペイン人の侵略を受けた上に、彼らが持ち込んだ天然痘で壊滅した）。

Column

ポテトの記憶①

ミスター・リーズのサンドイッチ

1970年の冬、24歳のとき、3カ月ほどケンブリッジで暮らしたことがある。カレッジに留学したのではない、町の語学校に通って英語を習っていたのである。

足かけ2年にわたるフランス滞在でなんとかフランス語はできるようになったが、英語がまったくダメでは日本に帰っても役に立たないだろう。そう思って、忘れていた英語……といっても忘れるほどの知識さえなかったが、テストを受けてたしか中級のクラスからスタートした。

学校の授業は午前中3時間。サンドイッチかフィッシュ・アンド・チップスで昼食を済ませ、午後は町の図書館で暗くなるまで勉強した。思えば、あのときが私の一生のうちでいちばんよく勉強した時期かもしれない。自転車に乗って下宿に帰ると、暗い部屋でまた寝るまで英語に取り組んだ。

パリで通訳をしてためた貯金で、帰りは中東とアジアを回って日本に帰ろうと思っていた。だからケンブリッジでは使える分を厳密に計算して、これ以上できない節約生活を送っていた。自転車は学内の掲示板に出ていた中古を安く買って、帰るときに転売する。下宿はいちばん安いところを選び、夕食の賄いは付けると高くなるので断った。

英国の冬は暗くて寒い。湿った部屋に、暖房はニクロム線が1本だけついた小さな電熱器しかなかった。私はその電熱器のカバーを外して斜めに立てかけ、ニクロム線からの熱が直接当たるところにパンを置いて、うっすらと色のついたトーストをつくってそれを夕食にした。

夕食の後はまた勉強だが、電熱器だけではあまりにも寒いので、ヒッチハイクのために持ち歩いていた寝袋に胸までからだを埋め、その恰好で椅子に座って机に向かった。

下宿の主人は、ミスター・リーズといった。奥さんはいなかったが、50歳を過ぎたくらいの年齢か。ひとりですべての家事を切り盛りし、老母の世話をしていた。身の上話を聞いたことはなかったが、2人暮らしで余った部屋を学生たちに貸していたのだろう。

そんな家庭の事情のせいか、ミスター・リーズはいつも不機嫌だった。口の中で絶えずなにか呟きながら、怒ったような目をして、家の中をせかせかと歩き回っていた。実際、ミスター・リーズには山ほどの仕事があった。

部屋の掃除、シーツやシャツの洗濯、学生たちの食事の用意……とりわけ彼はきれい好きで、天気が悪くても毎日のように洗濯をして、きっちりとアイロンをかけないと気が済まなかった。掃除も毎日部屋の隅々まで徹底的にやらないと満足できなかったようだが、そんな彼の掃除が済んだばかりの居間のじゅうたんの上に、少し手が不自由な老母が、暖炉にくべようとするコークスをすぐにこぼしてしまうのだった。

あれは、私が住むようになってから1カ月くらい経った頃だろうか。

その晩も、外と同じくらいに冷え切った部屋の中で、私は机に向かって勉強をしていた。いつものように、旅行用の寝袋に胸まですっぽりと収まって。

夜、10時近くだったと思う。部屋のドアを、小さくノックする音が聞こえた。

「トヨオ、メイ・アイ・カム・イン？」

ミスター・リーズだ。なんの用だろう。下宿代はちゃんと払っているし……。

ドアを開けて半分からだを部屋の中に入れたミスター・リーズは、私の姿を見てびっくりしたようだった。寝袋に入ったまま椅子に座って机に向かう学生は、きっと英国では珍しいのだろう。

「……そんなに寒いのか」

「ええ、まあ。慣れていないものですから」

「おなかは空かないか」

「あ、それは、まあ……」

「サンドイッチをつくったんだ。よかったら、夜食に、と思って」

そう言って、いつもの神経質でイライラした目ではなく、人なつこそうな優しい目をして、ミスター・リーズは持っていた皿を私のほうへ差し出した……。皿の上に載っていたのは、ジャガイモのサンドイッチだった。大きめのジャガイモを茹でて、厚さ6、7㎜にスライスしたものが2片ほど。それが2枚の食パンのあいだに挟まっている。イギリスのサンドイッチはたいていそうだが、パンは耳のついたまま。トーストしてあるわけでもない。ジャガイモに振られたわずかな塩と、少量のバター以外はとくに味つけもない。私はそのときのジャガイモ・サンドの色やかたちと、食べたときの味を、いまでもはっきりと覚えている。

ミスター・リーズは、カネがなくて賄いを断った学生の部屋に、夜遅くまで電気がついていることを知っていたのだ。いま思うと、あれほど素っ気ないサンドイッチも珍しいが、あれほどうれしかった食べものも滅多にない。こみ上げてくるもので胸をいっぱいにしながら、私はパンとジャガイモをモソモソと噛みしめた。

春が近づいて、私の出立する日が来た。

別れの日、ミスター・リーズは私の手を握って、「ありがとう。君がいてくれて、家じゅうが明るくなったよ」

と言ってくれた。そして申し訳なさそうに、こう付け加えた。

「……日本に帰ったら、プラスチックの洗濯ばさみを送ってくれないか」

ミスター・リーズは、私が自分の洗濯ものを干すのに使っていた洗濯ばさみを、羨ましく思いながら見ていたのだろう。たしかにその頃のイギリスには、木片に金属のバネのついた、扱いにくい旧式の洗濯ばさみしかなかった。

私は、別れの挨拶をすると同時にかならず約束を果たすことを告げ、最後にもう一度、あのときのジャガイモ・サンドの礼を言った。

タラとジャガイモの出会い

ポルトガルの古都ポルトは、定冠詞をつけて「オ・ポルト」と呼ぶのが正しいとされるが、PORTO《ポルト》は英語のPORT《ポート》と同じ「港」という意味である。だから定冠詞をつけてTHE PORTといえば、世界に唯一無二の港、というニュアンスを強調することになるわけで、かつて世界の海を支配した国の古都にはそれがふさわしいのかもしれないが、私はふつう、ただポルトとさりげなく呼ぶほうを好むのでそうしている。

さて、そのポルトの港に船で着いて、一日の上陸を楽しむことになった。

あいにく日曜日で、店はほとんどが閉まっている。しかたなく坂の多い街を歩いて時間を潰し、昼近くになって中心部の大通りに戻ってくると、一軒だけ開店の準備をはじめているレストランがあった。まだ少し早かったが、頼んで中に入れてもらう。とりあえず片隅の席でワインでも飲みながら、用意ができるのを待つとしよう。

ワインを注文すると、ボーイがパン籠に乾いたパンを入れてもってきた。それから、豚か鶏のレバーでつくったパテを入れた小さなガラス容器と、バターを載せた小皿を私の前に置く。冷えた白ワインのグラスとランチのメニューをもってきたのはそのあとで、全部が揃うと、「ボンナペティ（よい食欲を）」とフランス語で言った。外国人の観光客が来る店なのだろう。この時間、私のほかにはまだひとりの客もいない。

乾いたパン、というのは、ゆうべ食事に出したフランスパンを、薄くスライスして残ったものだ。レストランではそうやって残りものを利用するのは珍しいことではないし、家庭でも、残して硬くなったパンをそうやって食べることがよくあるものだ。カリッとした食感が、パテのおともに悪くない。

しばらくすると、またボーイがやってきたので、私は、前菜にギリシャ風のタラとリラタを、メインディッシュには、タラのブラガ風、というのを注文した。

注文を終えてメニューを返しながら、そういえば、2年ほど前にもこの町に来たことがあり、そのときもタラの料理を食べた。別の店だが、タラを油で焼いたものに、茹でたジャガイモと、ナマのタマネギと、黒いオリーブが添えられていたのを思い出した。

そんなことを考えながら、2杯目のワインを飲んでいると、前菜の皿が運ばれてきた。マッシュポテトに魚卵を練りこんだピンク色のペーストの上に、黒いオリーブが飾りに載っている。

タラモサラタはギリシャではおなじみの定番料理だが、ポルトガルのレストランになぜギリシャ風の前菜があるのだろう。ポルトガルにはこれまで何度も旅したけれど、たしか一度もお目にかかったことはないはずだが……考えてみれば、いまではギリシャ料理の枠を越えて世界中に知られるようになったタラモサラタが観光客の来る店のメニューにあるのは不自然ではない。地中海周辺ではボラの卵を使うのが伝統と聞くが、このあたりではタラコを使うだろうから、ポルトガル人が好むのは当然だろう。

ポルトガル人は、タラが大好物なのである。昔、あるホテルのレストランで、サービスをしてくれたボーイに、

「クリスマスには、なにを食べるの?」

と聞いたことがあった。そろそろそういう季節だったので聞いてみたのだが、すると若いボーイさんは、タラです、と答えた。

「じゃあ、お正月にはなにを食べるの?」

ヨーロッパでも大晦日はサン・シルベストルの祭りといって夜遅くまでご馳走を食べて新年を祝う習慣があるので、どんなご馳走を食べるのか、と聞いたつもりだったのだが、彼はまた、タラです、と、あたりまえのことをなんで聞くのか、という表情で言うのだった。このあと、私はさらに、

「君のいちばん好きなものは、なに?」

と聞こうと思っていたのだが、そう聞けばまた、タラです、と答えるに決まっているのでやめておいた。この青年だけが変わっているのではない、ポルトガル人はそれほどタラが好きなのである。

前菜を食べ終わると、メインディッシュがやってきた。

タラのブラガ風、である。ポルトガルのタラ料理のレシピは200を超えるといい、この店のメニューにもざっと10種類以上の料理名が並んでいたが、どれがどんな料理かよく分からなかったので「本日のおすすめ」を選んだのだ。出てきたのは、大きいタラの切り身に茹でタマゴを取り合わせ、茹でたジャガイモと、ナマのタマネギと、黒いオリーブを添えた一品だった。なるほど……タラ料理のレパートリーは豊富かもしれないが、どうし

てつけ合わせがいつも同じなのだろう。

合理的に考えれば、茹でタマゴは別として、つけ合わせの黒オリーブは彩りであり、ナマのタマネギは魚の匂い消し、茹でたジャガイモは、タラの塩味を中和するためだろう。ポルトガルに限らず、ヨーロッパのタラ料理はすべて干ダラまたは塩漬けのタラを用いるので、もちろん丁寧に塩抜きはしてあるが、茹でただけのジャガイモをいっしょに食べるとちょうどよい塩梅になる。

その意味で、タラとジャガイモのコンビは「出会いもの」といっていい絶妙の組み合わせで（日本の棒ダラとエビイモの取り合わせを思い起こさせる）、だからどこでタラを食べても、茹でたジャガイモがついてくるのだ。

しかし、タラは有史以前からヨーロッパの各地でさかんに食べられていた魚であるのに対し、ジャガイモはいうまでもなくアメリカ大陸の原産で、ヨーロッパ諸国へは16世紀の大航海時代に伝えられたものの、一般に広く食べられるようになるのはもっとあとのことである。タラとジャガイモは、どのようにして出会ったのだろうか。

ジャガイモの食べかた

私は、タラのブラガ風の一皿を前に、なにから食べはじめようか迷っていた。

ふつうなら、まずタラにナイフを入れるところだが……その前にジャガイモの味を見てみようか。

やや黄色みがかったジャガイモにはよく火が通っていて、ナイフを入れると、スッと切れた。ナイフでジャガイモを切ったとき、私は、ドイツ人ならフォークで潰さなければいけないところだ、と思った。

ジャガイモは、フランス人はナイフで切って食べ、ドイツ人はフォークの背で潰して食べる。レタスは、フランス人はナイフとフォークを使って折りたたんでからフォークに刺して食べ、ドイツ人はナイフで切ってからフォークに刺して食べる。

すべてのフランス人とドイツ人がそれぞれの作法に則って食べているわけではないだろうが、国民によって食べかたが異なるといわれている。

ジャガイモの料理法も、フランス人は油で揚げ、イギリス人は茹でる。拍子木《ひょうしぎ》に切って油で揚げたジャガイモをアメリカでフレンチフライといい、ドイツでポンフリ（フランス語のポンム・フリット）と呼ぶのは、もともとそれがフランス式の調理法だからである。そのかわりフランスでは、ただ茹でただけのジャガイモをポンム・アングレーズ（英国風ポテト）といい、イギリスでは油で炒めたジャガイモをジャーマンポテトと称している。

もちろん日常に用いる料理法はひとつではないけれども、それぞれの国がもともと得意とするやりかたがあって、たがいに名前を呼び分けて尊重しているわけだ。

ついでにいえばアメリカでいうフレンチフライはイギリスではポテトチップスといい、アメリカで発明されたポテトチップスはイギリスではポテトクリスプスと呼ばれる。そしてフランスではこれらの薄く切って揚げたジャガイモのことを、チップスと発音するつもりでシップスといっている……。

ジャガイモの食べかたは、いまやそれぞれの地域に根ざした固有の食文化として、独自のスタイルをもつようになった。

ジャガイモの品種は19世紀末に急増し、現在では数千を超えるといわれている。食用の植物としてはトウモロコシ、小麦、コメに次いで大量に栽培されているが、家畜用飼料にまわされる量が多いトウモロコシを別にすれば、ジャガイモは人間にとっての主食である穀類と肩を並べる、「ベジタブル・クロップ（食糧野菜）」の地位を不動のものにした、といっても異論を唱える人はいないだろう。

海を泳ぐ黄金

タラがジャガイモと出会ったのは、ヨーロッパ諸国のタラ漁が最盛期を迎えていた16世紀から17世紀にかけてのことだろうか。それとも、ジャガイモがもう少し広く普及した、18世紀以降のことだろうか。

中世から近代にかけては、ヨーロッパの全域にわたって、各家庭の台所にはかならず干ダラが常備されていた。干ダラは「ストックフィッシュ」とも呼ばれたが、ストックはオランダ語で棒を意味する。まさしく木の棒のように硬くなった「棒ダラ」である。食べるときは水で戻す前に専用の木槌《きづち》で1時間以上叩くのが慣わしで、家庭にはかならず干ダラ専用のハンマーが用意されていたという。

タラは、ノルウェーからアイスランド、カ

ナダおよび北アメリカ沖の、水温が10度以下の冷たい海に棲む魚で、沿岸では古代から盛んに消費されてきたが、「世界でもっとも早く市場化された海の魚」ともいわれている。

北方の海岸地域に住んでいたノルマン人は操船と漁獲の技術にすぐれ、生活の必要以上にタラを漁獲することができたので、早くから加工したタラの販売を手がけ、すでに9世紀にはノルウェーからアイスランドを中心にタラ交易の市場が成立していたという。

タラはほかのどんな魚よりも保存加工がしやすく、保存状態も安定している。ただ干すだけで長い間よくもつし、塩をしてから干せば保存性はさらに向上する。塩干しのタラはカビることもなく数年は品質を維持することができるといい、馬車で長期間陸上を運ばれてもまったく問題がなかったので、近代になって冷凍技術が導入されるまで、「海から遠く離れた地域で手に入れることのできる唯一の魚」といわれていた。

ヨーロッパでなぜそれだけ大量のタラが消費されたのかといえば、動物性蛋白質を供給する食物が乏しかったからだ。

狩猟ができる貴族は別にして、肉類は一般庶民の口にはめったに入らず、1年に1度ブタを解体して塩漬け肉をつくることができれば上々だった。

それに中世の頃はキリスト教の教義に厳密に従うと1年のうち半分近くは肉断ちをしなければならず、塩漬け豚にかわる魚が必要とされてもいた。その中で、安い値段で買えて長期間の保存ができるタラは、どの家庭にとっても貴重な常備食材だったのである。

北方海域に本拠を置くノルマン人に続いて、大西洋のタラ漁に乗り出したのはバスク人だった。16世紀以降はスペインとポルトガルが参戦し、さらにフランス、イギリス、オランダも加わって、海を泳ぐ黄金といわれたタラの漁獲を争う「タラ戦争」はますます激しさを増していった。

バスク人はもともと捕鯨をおこなっており、鯨を追ってニューファンドランド島の近くまで行ったときにその漁場でタラを見つけ、簡単に獲れて儲けのよいタラ漁に転身した。彼らがそこに到達したのはコロンブスによる新大陸「発見」の100年も前のことで、一説によれば彼らがそのことをコロンブスに教えたともいわれている。

ニューファンドランドは北米大陸の北端に位置する大きな島で、15世紀末にイタリア人探検家ジョバンニ・カボートがはじめて上陸したことから「テラ・ノーバ（新しい世界）」あるいは「ニュー・ファウンド・ランド（新たに発見された土地）」と呼ばれるようになった、一連の「新大陸の発見」によってヨーロッパ人に知られた土地のひとつだが、この島の沖合は世界屈指の大漁場だった。

　ニューファンドランドはその後イギリス領となり、現在はカナダの州のひとつになっているが、中世から近代にいたるまでこの北アメリカ大陸の沖で釣れた大量のタラが、日常の保存食糧としてヨーロッパの人びとの暮らしを支え、アメリカに経済的な恩恵をもたらして独立の基礎を築き、また奴隷貿易の代金としてアフリカから「新大陸」への強制的な人口移動を促しもしたのだった。

　ジャガイモが「新大陸」からの贈りものとしてヨーロッパ社会を席巻したように、タラという魚もまた、大西洋をはさんだ反対側の「新しい土地」の海から大量に送り出され、ヨーロッパ社会を席巻してきたのだった。が、何百年間にもわたって人びとの胃袋を満たし続けてきたタラも、20世紀に入って大型のトロール船が海底から根こそぎタラを一掃するようになると、あっという間に歴史の表舞台から姿を消してしまったのである。

スープの語源

　私が子供の頃、まだ茶碗にこびりついている飯粒をうっかり洗い流しでもしようものなら、母親からきつく叱られたものだった。フランスでも、子供たちがパンをちぎって投げたりすると（子供たちはよくそうやって遊ぶのだが）、ほかの悪戯《いたずら》をするときより親は厳しく叱責する。ひとつの民族にとっての主食というものはそういう存在なのである。だからアンデス文明ではどんなにジャガイモがたくさん食べられていても神聖なトウモロコシの存在の前には一歩を譲るし、ヨーロッパではジャガイモがなくては死んでしまうといいながら、やはりキリストがみずからの肉と認めたパンのほかに主食はない。

　しかし、小麦が育つ気候に恵まれた国は限られている。ヨーロッパでいえば、フランスとドイツの国境あたりが境目で、そこから南あるいは西に位置する地域では小麦がよくできるが、東または北へ行けば小麦ではなく、大麦、ライ麦、オート麦などの麦類しかできない。だから同じパンでも北東ヨーロッパでは黒パンしかできないし、ジャガイモに頼らざるを得ないケースも多くなる。

それでは、ジャガイモがなかった時代、タラモサラタはどうやってつくっていたのか。

タラモサラタは、タラコとマッシュポテトをオリーブオイルとともに混ぜ合わせる……というのが私たちの知っているつくりかただが、ギリシャ人が書いたレシピブックによれば、ジャガイモではなくパンを使うのが伝統的なやりかたであるという。

パンを水に浸してから軽く絞って小さくほぐし、タラコを潰したものに、オリーブオイルを少しずつ加えながら混ぜていく。最後にさらにオリーブオイルを加えてやわらかさを調節し、レモン汁を少々加える、というのが基本的なつくりかた。タマネギやニンニクを入れるとか、卵黄を加えるとか、レシピには料理家によって微妙な差異があるけれども、外国人が紹介したギリシャ料理の本ではしばしばマッシュポテトを使うように書いてあるのに対して、ジャガイモを使うのは本式ではない、とギリシャ人は主張している。

もちろん、うるさいことをいえば、フードプロセッサーではなく石臼に材料を入れて潰し混ぜるのが正しいとか、タラコではなくてボラの卵を用いるのが正しいとか、タラコでも市販品に多いスモークされたものではなく昔ながらの塩漬けを使うのがよいとか、言い分はいろいろあるようだが、要するに、いまはギリシャでも市販の着色タラコにマッシュポテトを混ぜた簡便なタラモサラタをつくる人がいるけれども、ジャガイモが伝来するずっと以前から、ギリシャ人はパンを使ってこの料理をつくっていた、というわけだ。

ポルトのレストランで最初に出てきたパン籠に、前日に残ったパンを焼きなおした再利用品が出てきたことは前に書いたが、パンは大切な主食であったとはいえ、毎日焼いていたわけではないし、食べ残しも使い余りもあっただろう。どこの国でもそういう硬くなったパンを大事にとっておいて、料理をつくるときに利用したのである。

フランス人は、朝食のとき、パンをカフェオレに浸して食べる。イタリアの田舎へ行くと、パンをちぎってカフェラテの中に入れ、それをスプーンですくって食べる人がいる。朝のミルクコーヒーは茶碗のような大きなボウルに入れて飲むのが習慣だから、この光景は、パンの入ったスープを食べているようにも見える。

　スープの中にパンを入れて食べるのは、ヨーロッパでは普遍的な習慣である。さすがにレストランでやる人は少ないが、家で食べる日常の食事ではそれがあたりまえで、とくに田舎へ行けばそうである。スープが出てくれば、当然のようにパンをちぎって投げ入れ、パンに汁が滲みてぐずぐずになった頃合いをみはからって、そのパンをスープといっしょにスプーンですくって食べる。

　南フランスのレストランで、ブイヤベースやスープ・ド・ポワッソン（魚のスープ）を注文すれば、別皿に薄く切ったパンを載せてもってくる。

　そのパンの上にスパイスの効いたマヨネーズ状のもの（ルイユ）を塗り、スープの上にそっと置いて、しばらくしてパンに汁が滲みてきたら、そのパンごとスープをすくって食べるのが定番の作法である。

　この場合の薄切りパンは乾いたカリッとしたパンで、そのほうがよくスープが滲みるというのだが、要するに前日に残ったパンの再利用だ。たしかにスープに浸せば古くて硬いパンでも食べられるし、昔のパンはただでさえモソモソして喉につかえるようなものだったろうから、そうして汁気を与えて食べるのはよい方法だったに違いない。

　実をいうと、スープという言葉は、もともとこのパンのことを指していたのだ。

　ボウルか深皿に一片の硬いパンを入れ、そこに汁を注ぐ。しばらく待ってから食べれば、パンはやわらかくなっている。

　その汁の滲みたパン、またはそのために汁の中に入れるパンのことを、「SOUPE《スープ》」と呼んだ。フランス語の語源辞典によれば12世紀の末頃からあらわれた言葉だそうだ。

　その後、「POTAGE《ポタージュ》」という語もあらわれたが、これは「POT《ポ（ポット）》＝鍋」の中に入れる具材すべてを示す言葉で、パンのほかに肉や野菜などを入れたスープをポタージュと総称するようになった。時代が進むにつれて、パンだけのスープから、野菜も、そして肉類もと、しだいに中身が豊かになってきた歴史がうかがえる。

　現代のフランス語でも、家庭菜園のような小さな野菜畑、料理に使うために野菜やハーブを育てている菜園のことを「POTAGER《ポタジェ》」というが、これは、スープの鍋に入れる具材をつくる畑、というのが本来の意味だ。

　なお、レストランでスープ（またはポター

ジュ）にクルトンという小さなサイコロ型のパンの断片（焼くか揚げるかしてある）を最後に散らすのは、昔の「スープ（の中に入れるパン）」の姿を偲ばせる、ある種の儀式のようなものなのである。

失われたパン

時代が進んで豊かになったといっても、スープをつくるときに鶏や牛の肉あるいは骨でダシを取ることができるのは、ごく一部の富裕な人びとに限られていた。

庶民の毎日の生活では、パンのほかに、わずかな野菜があればいいほうで、貧しい家庭では、タマネギを刻んで煮出したものがスープだった。

中世の頃ヨーロッパの中心部を覆っていた広葉樹林は、しだいに伐採されて町と草原ができていったが、緑に恵まれた地域に暮らす農民は豚を森に放して飼っていたから、冬になると1頭か2頭解体して、腸詰や背脂の塩漬けなどの保存食をつくることができた。

そういう農家では、塩漬けの豚の脂身を少し削って、タマネギを刻んだものといっしょに鍋に入れ、水を注いで煮たものがスープである。それに保存してある豆を入れ、キャベツがあればキャベツを加える。それが毎日の食事のすべてだった。

パンは新しければそのまま食べ、古くなったらスープに浸したのだろう。ジャガイモがあらわれるまでは、腹を膨らませてくれるものはパンだけだった。

フランスでは、古くなって干からびたパンのことを「パン・ペルデュ」と呼ぶ。直訳すれば、失われたパン、という意味である。フランスパンは、焼きたてはおいしいが時間が経つと硬くなるから、失われた、つまり、ダメになった、食べられなくなった、というのだが、こういうパンを溶き卵とミルクに浸して戻し、フライパンで焼いたものがいわゆるフレンチトーストである。アメリカのホテルで朝食としてサービスされたので「フレンチ」というのだが、フランスでは単に「パン・ペルデュ」と呼び、朝食に食べる習慣はないが最近は懐かしい昔の味として人気が出はじめている。

汁に浸したパンをスープと呼び、それが食事のすべてであった時代。

古くなった硬いパンを、使いまわして食べ

ていた時代。

いまから二百何十年か前、身近にジャガイモが普及しはじめると、パンの役割は、しだいにジャガイモに取って代わられていく。そして、スープにパンを入れて食べる癖や、硬いパンをさまざまな料理に利用する習慣は、古臭い（失われた……）やりかたであると考えられるようになっていった。

かつてパンが果たしていた役割の、かなりの部分をジャガイモが担うようになり、その結果、ジャガイモはますます人間の生存に欠かせない基本的な食糧として存在感を増すことになったのである。

Column

ポテトの記憶②

夜のカフェで

若い頃パリで学生時代を過ごした私は、帰国した後も格安航空券を探して毎年のようにパリへ行った。

パリでは学生の頃から定宿にしていたオデオンのホテルに泊まり、裏通りまでよく知っているサンジェルマン・デ・プレ界隈を歩き回った。そのうちに、あちこちに顔見知りが増えて、店の前を通ると声をかけられるようになった。

行きつけの食堂もいくつかできた。いわゆるビストロとかブラッスリーとか呼ばれる店で、フランス人が昔から食べてきたような料理を気軽な雰囲気で味わえる。貧乏学生のときは敷居が高かった店にも、旅行だからという理由で入れるようになった。

ビュシ通りの「ブラッスリー・ミュニッシュ」では、かならずアンドゥイエット（腸の腸詰）を注文する。その頃の日本では出している店がなかったので、パリへ行くたびに再会するのが楽しみだった。

豚の腸に、刻んだ豚の胃や腸を詰め込んだ、太いソーセージ。皮が弾けそうになるまでこんがりと焼く。付け添えは山盛りのフライドポテト。フランス語でポンム・フリット、略してフリットと呼ぶが、この店のフリットは他の店よりほんの少し細かった。

アンドゥイエットは塩辛いので、フリットには塩を振らずに食べる。噛むとカリッとした食感、あとからもっちりした旨味がついてくる。馴染みになると、追加のフリットを持ってきてくれた。

美術学校の前にあった「レストラン・デ・ボザール」にもよく行った。

レストランという名は付いているが、パリではもっとも安いレベルのビストロで、いつも行列ができるほどの人気だった。当時のパリでは珍しいオープンキッチンの店で、入るとすぐ、オープンの前で鍋を振るうシェフの姿がよく見えた。赤い頬をした白髪のシェフ、ムッシュー・プシノーはビールが大好きで、常連客から奢りのビールが届くと、目くばせで礼をしながらうまそうに飲み干した。

店の名物は、マッシュポテトに卵黄とシュー生地を加え、直径2cmほどの大きさに丸めて揚げた、ポンム・ドーフィーヌ。安いビストロには似合わない手の込んだ細工だが、知っている客はどんな料理にもこの付け合わせをリクエストした。

料理というのは微妙なもので、同じ材料を同じように料理しても、人が違えば味が変わる。ムッシュー・プシノーが引退後、後を継いだ若いシェフもしばらくは同じものを出していたが、そのうちに止めてしまった。同じレシピでも、やはり同じような味にはできなかったのだ。大繁盛していた「ミュニッシュ」は移転してシェフが変わると味が落ち、客足が途絶えて廃業した。

ある人がつくる料理は、その人にしかつくれない。

そして、あるときに出会った料理には、もう2度と出会えない。

　パリを拠点にして、フランスの田舎にもよく行った。運転免許を持っていないので、移動はいつもヒッチハイクである。

　あれがいつのことで、そこが何という町だったか、いくら思い出そうとしても思い出せない。いまでも目に浮かぶ映像は、カフェの女主人が目の前で揚げてくれた、ポテトチップスの黄金色である。

　パリから南のほうへ向かっていたのだと思う。

　その日はヒッチハイクに思いのほか時間がかかって、町に着いたから、と言われてクルマを降りると、もう時計は夜の10時を回っていた。昼間はずっと道端に立っていたから、夕食はまだ食べていない。とにかく腹が減っていた。町……といってもかなり大きな都会のようだが、通りは暗く、店はどこも閉まっている。パリなら遅くまで開いているカフェがいくつもあるのに、地方では夜が早いらしい。

　歩き回って、ようやく1軒、明かりがついているカフェを見つけた。

　外のテラス席の椅子は、もう片隅に積み上げられている。閉店の準備をしているようだ。それでも私はドアを押し開けて中に入り、カウンターの向こうで片づけをしているマダムに声をかけた。なんでもいいから、なにか食べるものはありませんか。

　おやおや、食べるものって、もう閉店よ。

　オムレツくらい、つくってもらえませんか。とにかく腹が減って……。

　もう、みんな片付けちゃったし……マダムはしばらく困惑したような顔をしていたが、薄汚れた貧しそうなヒッチハイク青年を見て同情したのか、そうね、シップスくらいつくろうか……と言って、外しかけていたエプロンを締め直した。

　シップスは、ポテトチップスのチップスのこと。フランス語ではそういう発音になる。英語の転用でしか表現できないことからも分かるように、ポテトチップスはもともとフランスのものではない。袋入りのスナックは売っているが、カフェやレストランで料理の付け合わせに出てくることは滅多にない。

　マダムは油の入った鍋を温め、その場でジャガイモを薄切りにして水で洗い、布で湿り気を取ってから揚げてくれた。私の瞼に焼きついているのは、高温の油の中を泳いでいた、そして網の上にすくい上げられた、揚げたてのチップスの姿である。

　手で切ったせいか、1枚ごとに少しずつ違いがある。厚みがある部分は、わずかに膨らんでいるようだ。黄金色にも濃いところと淡いところがあり、かすかな紋様を描いているようにも見えた。紙の上で油を切って皿の上に並べられた1枚1枚を、私は美しいと思いながら口に運んだ。

　揚げたての手づくりチップスが、あんなに美味しいものだとは知らなかった。

　なぜ、あの店にはチップスがあったのだろう。いつも店で出しているのか。それとも、たまたま気まぐれでつくったのか。

　そんなことをマダムに聞くのも忘れて夢中で食べていたので、ほかのことはなにひとつ記憶していない。ただ、私はチップスだけの晩餐に、フルコースにも匹敵する満足感を覚えていたのだった。

土のないジャガイモ畑

私がアイルランドに旅したのは、石楠花《しゃくなげ》が咲く初夏6月であった。空路ダブリンに入って数日を過ごした後、西へクルマを走らせてゴールウェイで海岸に到達し、そこからイニシュモア島に渡った。

アイルランドがもっとも美しいとされる季節の旅であったが、ダブリンを出てからは雨と曇りの日が続いていた。西海岸にたどりついて眺めのよいはずの崖の上にのぼっても、海は濃い霧に包まれていてなにも見えず、足もとから冷たい風が吹き上げてくるばかりだった。

明るい陽が射しはじめたのは、イニシュモア島に渡った翌日のことである。

イニシュモア島は、アイルランド西海岸のゴールウェイ湾に浮かぶアラン諸島のひとつで、その特異な風光と、太い毛糸を手編みしたフィッシャーマンズ・セーターで知られる観光地となっている。

アラン諸島の島々は、果てしなく広がる大西洋に向かって突き出した、石灰岩の巨大な塊である。岩盤の上に石ころだらけの畑がつくられ、強い風に耐える小さな窓の家々が点在している。屋根の上に重い石を積んで吹き飛ばされないようにした小屋。巨大な石に寄り添うように建てられた家。藁葺《わらぶ》きの屋根が剥がれて骨格だけになった廃屋……明るい太陽の下に見えたのは、最果ての島の過酷な環境を物語る風景だった。

畑は、石を積んだ低い塀のようなもので、それぞれの区画に分けられている。区画の単位は小さく、たがいに複雑に入り組んでいるが、猫の額のような狭い区画にも、丁寧に石を積み重ねた境界線がつくられている。畑の周囲を石で囲むのは、所有者の占有範囲を示すとともに、海からの強い風を避けるためでもあるのだろう。

もともとこの岩盤の島には、土といえるようなものはなかったのだという。数千年も前からこの島に住みついた人びとは、石をこまかく砕き、海藻を小さく断ち、石と石の隙間にわずかに付着する粘土と混ぜ合わせて、土のようなもの……を丹念につくりだした。そして、生きるために必要な穀類をそこに植えた。おそらく、大麦か、オート麦か、雑穀のようなものが最初の糧だったはずである。

昔のままのたたずまいを見せる石ころだら

けの畑には、太陽の光を受けて緑の葉が繁っていた。見たところ、キャベツかケールのような野菜もわずかにあったが、そのほとんどはジャガイモの畑だった。観光地だからいまは本土からパンや食糧が運ばれてくるに違いないが、島の住人が自分たちのためにつくる作物はジャガイモなのである。この島でも、いつからか、ジャガイモが麦にとって変わったのだ。

イモに月が出ている

ジャガイモの歴史をたどる旅は、アイルランドで終えるのがふさわしいだろう。

アイルランドは、人類史上、ジャガイモを真の意味で主食にしたことのある唯一の国だからである。

ヨーロッパでは、ジャガイモが広く導入されて以来、飢饉といえるようなものは一度も起きていないが、その唯一の例外は、アイルランドが経験した１８４５年から１８４９年にかけての悲劇であった。

アイルランドは、「新大陸」が発見された直後に、沖合で難破したスペイン船の中で見つけたジャガイモをもってきた、という説があるくらいに、ヨーロッパ諸国の中ではもっとも早くからジャガイモが伝えられた国のひとつだった。

そして、寒い国の痩せた土地でも育つジャガイモは、「どんな穀物より6倍も多く収穫できる」といわれて、ほどなく人びとの口を養う重要な作物となっていった。

それでも16世紀の末から17世紀の後半までは、ジャガイモはまだ主食の麦類が不作のときの予備の食糧とされており、18世紀の中頃でも、貧しい人びとにとっての冬の食糧という程度の位置づけだった。が、狭い耕地が多いため、時を追うごとに効率を求めて穀類からジャガイモへのシフトが進行していった。

アイルランドは１７４０年に大飢饉に見舞われているが、このときはジャガイモの栽培が広まっていたおかげで救われた。が、１８４５年には、そのジャガイモ自身が飢饉の原因になってしまったのである。

ジャガイモの原産地である南アメリカから、ベト病の一種とされる病菌がヨーロッパに侵入した。１８３０年から１８４０年にかけて、ドイツ、北欧、ベルギー、フランスへと伝播し、１８４５年にはブリテン島からアイルラ

ンドに病菌がもたらされた。

フランスでは、ボルドーのワイン畑でブドウの盗難を防ぐため土手に撒かれていた液体がベト病に効くとされたが、広がる病菌の前には無力だった。この石灰と硫酸銅を混ぜた液体はボルドー液と呼ばれて、その後もブドウの病気を防ぐ薬剤として今日まで使われているが、葉枯れ病あるいは立ち枯れ病とも呼ばれるこの病気の病菌は、ジャガイモだけがかかる特殊なものだった。

アイルランドに上陸した病菌は、あっというまにジャガイモを全滅させた。

食べるものを失った人びとは次々に命を落としていき、その結果、1845年から1851年までの7年間に150万人が飢餓で死に、100万人とも150万人ともいわれる人びとが故国を捨ててアメリカへ移民したといわれている。

アイルランドの人口は、ジャガイモの普及によって100年間に倍増して800万人に達していたが、それが同じジャガイモのために半減する危機に直面したのである。

この病菌はヨーロッパのほぼすべての国に災厄をもたらしたが、アイルランドだけがあまりにも悲惨な結末を迎えたのは、18世紀の後半から約100年が経過するあいだに、この国では、穀類からジャガイモへと、主食が完全に移行していたからである。

貧しい人びとのジャガイモ依存は、1810年頃にはすでに顕著になっていた。夏になればオート麦入りのパンが少しはあったが、おなかをいっぱいにするのはジャガイモだった。牛も飼っていたし穀類もつくってはいたが、麦や牛肉はイギリスに輸出し、自分たちが食べるのはイモばかりだった。

ジャガイモは、茹でて食べた。大きな鍋で皮ごと茹でて、網籠に移して食卓または床の上に置き、家族全員がそれを取り囲んだ。誰もが次々に、1個食べながら2個目の皮を剥き、3個目を手に握って4個目に視線を送る……という具合に、ひとりで1日に4kgも5kgも食べたという。

しかし、そうやってジャガイモでおなかをいっぱいにできる時代も、じきに終りがやってきた。19世紀もなかばに近づく頃になると、連作障害による不作が続いて種イモが劣化し、イモは水っぽく栄養もなくなっていった。ときには腹が減っているのに豚にくれてやるしかない、「鳩の卵より小さい」イモしかできないこともあった。

それでも、もうオート麦もつくっていないから、ジャガイモ以外には食べるものがない。飢饉が襲った1845年頃には、多くのアイルランドの家庭ではパンは誰も見たことがなく、台所にはイモを茹でる鍋のほかにはオーブンもなかったという。もう20年来ジャガイモ以外は栽培せず、ジャガイモ以外は食べたことも料理したこともないので、島民はジャガイモを茹でる以外の料理を知らなかった……。

こうして、ジャガイモの単作に特化したためにじわじわと衰えを見せていたアイルランドの菜園は、目に見えない病菌の一撃によってもろくも壊滅したのである。

死者と移民に取り残された者たちは、わずかに菜園に残ったイモを拾い、「月が出ている」イモを食べて飢えを凌《しの》いだ。

ジャガイモに完全に火を通すと、やわらかくて食べやすいが、腹持ちが悪い。だから子供には中まで茹でたイモを食べさせたが、大人たちは、外側は茹だっているが中のほうはまだ茹だっていない、生煮えのジャガイモを食べたのだった。そのほうが消化が悪いので、長いあいだ腹にもたれるからである。

生煮えのジャガイモを切ると、まだ火が通っていない中心部は色が違って見える。その丸いかたちを月に見立てて、きょうのジャガイモには月が出ているぞ、と言って笑って食べたのは、窮地に追い詰められてもなお哄笑《こうしょう》を忘れない、冗談好きなアイルランド人のせめてもの矜持《きょうじ》だったろうか。

アイリッシュ・シチュー

イニシュモア島で、私は地元の人に案内されて島の西側にある岩場を見に行った。

縁に石を積んだジャガイモの畑がえんえんと続く風景の中を歩き、ところどころに家がある町はずれを抜けると、あとは険しい岩盤の山道だった。滑る足場を慎重に確保しながら30分くらい登ると、海を見下ろす高い崖の上に出た。干潮の時刻だったので崖に沿って続く岩場にはあちこちに大きな水溜りができていたが、満潮になると海は崖の高さまで上がってくる。その頃合いを見はからって、この岩場から船を出したのだという。

アラン諸島の漁師たちは、サメ漁で生計を立てていた。カラクと呼ばれる2人乗りの小さな船に乗り、荒波に向かって漕ぎ出したのである。入江に浮かぶ島とはいえ、サメのいる西海岸は大西洋の外洋に面している。それは危険きわまりない漁だったが、生きていくためにはほかに選択肢がなかったのだ。

遭難覚悟で船を漕ぎ出す男たちのために、妻や恋人はセーターを編んだ。冷たい風から身を守るように太い毛糸で、遭難したときに死体を見てすぐわかるように、それぞれ違った模様を編み込んで……。

岩盤には、ところどころに黒いタールの痕が残っていた。破損した船を修理して、また海に出て行った名残りだという。

アメリカに新天地を求めて故国をあとにした者たちも、イニシュモア島ではこの岩場から船を出したのだろうか。

1845年からの数年間にアメリカに移民した100万人を超える人びとの中には、のちに合衆国大統領になるジョン・F・ケネディの曽祖父の一家もいたけれども、空腹と病気で衰えた体力では大西洋の荒波を乗り切ることができず、船は出したものの対岸へたどりつくことなく洋上を彷徨い、アメリカを見ずに死ぬ者も多かった。死を覚悟で漕ぎ出す彼らの船は、棺桶船と呼ばれたという。

私は複雑な気持ちで岩場に残された黒いタールの痕を見ていたが、寒くなったので町へ引き返し、ちょうど昼どきになっていたので、近くにある食堂に入った。

まずはギネスを注文する。少なくとも3分はかけてじっくりと、こまかい泡をグラスの縁まで詰めたギネスのドラフトは、アイルランドで飲むと格別にうまい。

6月の末に近い、よく晴れた日であった。が、風は冷たく、午後からは天気が変わりそうだった。

私はアイリッシュ・シチューを注文して、温かい一皿がやってくるのを待つあいだ、アイルランドには「ハングリー・ジュライ」という言葉がある、と聞いたことを思い出していた。蓄えたジャガイモが底をつき、次の収穫がある夏までの、端境期《はざかいき》にあたる7月。またの名を「キャベツの7月」ともいうそうだが、腹を膨らます食べものがない、かつては空腹に悩まされていた季節が、すぐそこにまで来ていた。

アイリッシュ・シチューは、羊の頸《くび》肉と、タマネギと、ジャガイモを煮込んだ料理である。これにニンジンを入れるか入れないかはつねにアイルランド人の熱い議論の的となってきたが、この食堂のシチューには入っていなかったところを見ると、シェフはニンジンを入れるのは邪道だと思っているのだろう。彼らが愛しているのは、そして、愛すると同時に言葉にできないほど複雑な感情をいまも抱いているのは、生と死の運命をともにしてきたジャガイモだけなのだ……。

アイリッシュ・シチューは、温かくて、美味しかった。もちろんジャガイモはよく煮えていてやわらかく、中に月は出ていなかった。

Column

ポテトの記憶③

ジャガイモ掘り

雨が上がったのでジャガイモを掘った。

このあたりではジャガイモの収穫は梅雨の終わり頃になるので、湿った地中でイモが腐る前に、タイミングを見て一気に収穫する。

私たちが農園を開いてしばらくした頃、ちょうどいま頃の季節に、東京から知人の一家が訪ねてきたことがある。畑仕事を手伝いたいというので、その日にジャガイモを掘ることにした。

小学生の子供は、土に触るのは嫌だと言って、家の中でテレビゲームに夢中だった。親は説得を試みたがあきらめ、自分たちだけ野良着に着替えてジャガイモを掘りはじめた。

ジャガイモは最初に植えた種イモから、地中で子供を増やしていく。収穫のとき、ごく稀にだが、その最初の種イモが、わずかに姿を保っていることがある。

黒く、萎びて、見る影もなく小さくなった親イモが、元気な子イモの陰に隠れるようにひっそりと残っている。

私がそれを指差して、これが親イモの姿ですよ、と言うと、それまで勢いよくイモを掘っていた母親が一瞬固まったように手を止め、これ、子供に見せなくちゃ、と言って、家のほうへ一目散に走って行った。

ほら、よく見なさい。これがあなたを育てた母親の姿よ。

無理やり手を引っ張って連れてきた子供に、彼女はほとんど泣きそうになりながら、最後は独り言のようにつぶやいた。

こんなに、ボロボロになるまで頑張って……。

もう20年以上も前のことになるが、いまでもジャガイモを掘るたびにこの日のことを思い出す。

２０１９年の秋、彼女の訃報を受け取った。あの日以来ほとんど会う機会がなく、近況はまったく聞いていなかったので、その知らせは突然だった。

今年のジャガイモは、春に低温が続いたせいか、少し小ぶりのものが多かった。

掘りながら目を凝らして探したが、親イモの残骸はどこにも見つからなかった。あの子は元気に育ってくれただろうか。

ジャガイモという不思議な植物

ノアの方舟

ジャガイモは、ノアの方舟に乗ることができなかった。

ノアの方舟がアララト山の山腹に漂着した頃、ジャガイモはアンデスの高原で土の中に隠れていた。

ともに7000年を超える歴史を持つ、世界でもっとも古い植物のひとつなのに、ブドウとジャガイモは近代になるまで出会うことがなかったのである。

生きとし生けるもののすべてを流し尽くす大雨がやんだ後、露われた土に降り立ったノアは、まず農夫としてブドウの樹をそこに植えた。

方舟がなぜアララト山に漂着したかといえば、そこがブドウの原産地だからだ。

アララト山は、黒海とカスピ海のあいだ、アルメニア国境に近いトルコ東端にある、標高5000mを超える高山である。その山麓に続く現在のジョージア共和国を中心とする一帯では、7000年前からブドウが栽培されていた。つまり、そのことを知っていた旧約聖書の作者は、創世記の舞台にそこを選ぶことで、ブドウの原産地であるという事実に方舟の物語を重ね合わせたのだった。

ブドウからワインをつくる技術は、紀元前5世紀にはシナイ半島を経てエジプトにまで伝わっていた。地中海に面した西アジア地域では、その植物がジョージアからやってきたらしいことは噂として聞いていた。イエス・キリストに関わるさまざまな神話や口碑を収集していた物語作者は、紀元前4~3世紀に成立したといわれる旧約聖書の記述に、キリストの血であるワインの誕生を加えたかったのだろう。

ノアは農夫としてはじめてブドウを植えた。彼はブドウ酒を飲んで酔っ払い、天幕の中で裸を出していた。

(『旧約聖書 創世記』関根正雄訳、岩波文庫)

創世記第9章のこの文章には困ったものだ。

ブドウを植えてからワインができるまでの過程が省略されているのはともかく、私はつねづね、ワインは酔うための酒ではない、ワインを飲んで酔っ払ってはいけない、と言って日本酒との違いを説明しているのに、元祖のノアが酔っ払いとは……。

ただ、ブドウはワインをつくるための植物であることが、このことから分かる。

ヴィティス・ヴィニフェラ（ワインをつくるためのブドウ）というのが、ヨーロッパ・ブドウの学名である。このブドウは、約1万年前の地球最後の氷河期を生き延びた、ヨーロッパで唯一の野生種だった。この野生ブドウから、シャルドネ、メルロー、ピノ、カベルネといった、私たちが知っているような、ワインをつくるすべての品種が生まれたのだ。

たったひとつの「種（スピーシス）」から、数千を超える「品種」が生まれた。

ブドウから生まれたワインは、キリスト教の枠を超えて世界に受容され、地中海世界からはじまって南半球にまで及んでいる。

これらはすべて、氷河期が終わってから1万年の間、人間が自然と関わり合い、人間の活動が自然に影響を与えるようになった「人新世」の出来事である。

不思議なのは、ワインをめぐるこれらの出来事が、ほぼすべてジャガイモに当て嵌まることである。

7000年前からアンデスで栽培されていたジャガイモは、野生種が150種ほどもあるのに、栽培種は7種しかない。しかも、その中から16世紀にヨーロッパに伝わったのはたった1種だけである。その1種から、世界中で5000を超えるともいわれる今日のジャガイモ品種が生まれたのだ。

そして、標高4000mに近いチチカカ湖畔に住む部族が見つけた小さなイモが、征服者の手によってヨーロッパに持ち込まれ、さらにはそこから世界中に伝えられた。あらゆる地域で飢饉を救い、栄養を補い、飽きない美味を提供してきたのだった。

もし、南アメリカにも万物の創世を記述する物語作者がいたとしたら、ジャガイモの原産地からはじまる、もうひとつの『創世記』が書かれていたはずである。

コモンポテト

ソラヌム・テュベロースム

ジャガイモは、ナス科ナス属（ソラヌム属）のうちイモをつける一群の植物をいう。原産地は南米アンデス山脈の中央高地、ペルーとボリビアの国境にあるチチカカ湖畔の一帯とされている。

チチカカ湖は、標高が富士山より高い3812m。森林限界を超えた不毛地帯だが、南緯15度という赤道に近い熱帯にあるため年間を通して気候は比較的温暖で、古代から湖畔には住民が暮らしていた。彼らはこの土地でも育つわずかな植物の中から地中にイモをつける草を見つけ、おそらく数千年にわたって大事に育ててきたのである。それらの野生種がつけるイモからなるべく毒性の少ないものを選び出し、より大きいイモをつけるものだけを残して……そうして紀元前5世紀頃、いまから7000年くらい前に、彼らはジャガイモの栽培化に成功した。

それが、ソラヌム・ステノトーマムという学名で呼ばれる栽培2倍体種である。

その後、ペルーとボリビアからアンデス全域に栽培が拡大するにつれ、ステノトーマムと野生種の交雑によってアンディジェナ亜種（ソラヌム・テュベロースム・アンディジェナ）という栽培4倍体種が生まれてくる。

2倍体とか4倍体というのは、その種に固有の基本的な染色体数に較べると2倍あるいは4倍の染色体数を持つ、という意味だ（と説明してもよく分からない）が、簡単に言えばその分だけ個体が大きい、ということだ。つまり指先ほどしかなかった野生種のイモが、長いあいだ選抜と栽培を繰り返しているうちに、なんとか食べられる程度の大きさのイモをつけるようになった、と理解しておこう。この4倍体種であるアンディジェナ亜種が、16世紀にヨーロッパに渡ったジャガイモであった。

しかし、19世紀にヨーロッパのジャガイモに疫病が蔓延し、アイルランドの悲劇に象徴されるようなジャガイモ飢饉が起こったのを契機に、疫病に強いジャガイモの探索が進められ、アフリカやオーストラリア、南アメリカなどの品種を比較した結果、チリに受け継がれていたテュベロースム亜種（ソラヌム・テュベロースム・テュベロースム）が最終的に選ばれてアメリカに導入された。

アンデスで生まれた栽培種7種のうち、6種はいまもアンデスだけで栽培されている。残りの1種が世界中に広がったジャガイモで、これを「コモンポテト（普通ジャガイモ）」と呼び、すべてのコモンポテトはソラヌム・テュベロースムを受け継ぐ、19世紀以降アメリカに導入されたチリ産の亜種を直接の祖先としている。

ジャガイモシストセンチュウ

ジャガイモは、寒冷地や痩せた土地でも育つ強い植物というイメージがあるが、連作障害があって毎年同じ土地で栽培することができない上に、土壌の中にある病原菌や虫類が媒介するウィルスなどでさまざまな病気にかかりやすく、また害虫による直接的な被害もきわめて大きい。弱くてデリケートな植物でもあるのだ。まったくこんな面倒な植物をよくも我慢して何千年も育ててきたものだと感心する。

害虫の中でも最大の敵はジャガイモシストセンチュウである。

この線虫はジャガイモの根に侵入して栄養を奪い、メスは数百個の卵を抱えたまま死ぬが、死んでもそのからだが小さな球形の包嚢（シスト）になって、その中で卵は10年以上も生き続ける。それが温度の変化などでいったん孵化するとその幼虫はまたジャガイモに寄生し、このサイクルが延々と繰り返される。寄生されると根が縮んで老化しやがて死に至るが、寄生されてから症状が現れるまで何年もかかるので気づくのが難しい。

この厄介な線虫は、もともと原産地のアンデスに生息していたもので、19世紀以降世界の多くの地域に拡散した。原産地には抵抗性をもつ品種があって、寄生しても養分を吸収できずに死滅してしまうが、原産地以外のジャガイモには抵抗性がない。日本でも、１９７０年代から北海道、東北、九州などで発見されている。

このことからも、ワイン用のブドウを思い出す。

１８６２年に、南フランスのワイン商がアメリカからブドウの苗木を買って自分の畑に植えたところ、2年ほどするとまわりのブドウが次々に枯れはじめ、被害はほかの畑にも急速に広がっていった。最初に買った苗木にフィロキセラ（ブドウネアブラムシ）が寄生していたのだ。フィロキセラは根や葉から養分を吸い取り、寄生されたブドウ樹はやがて枯れ死するが、もともとアメリカに棲んでいた虫なので、アメリカ系のブドウ品種は抵抗性をもっている。が、まったく抵抗性のないヨーロッパ・ブドウ（ヴィニフェラ種）は、ほぼ全滅に近い壊滅的な被害を受けたのだった。

現在は、アメリカ系品種のブドウを台木にして、その上にヴィニフェラ種を接ぎ木するという方法で根を守っているが、世界中に拡散したフィロキセラはいつのまにか日本にも上陸していて、接ぎ木をせずに自根で植えたブドウ畑では数年以上経ってから被害があらわれる例も報告されている。

ジャガイモも同様で、数千年を生き延びてきたシストセンチュウは、どこに隠れているか分からない。だからこそ、種イモを厳重に管理して、健康的な環境で栽培しないと、いまも寄生されない保証はどこにもない。

原原種《げんげんしゅ》

ジャガイモは種イモを土に植えてつくる。小さなイモはそのまま、少し大きいのはふたつに切って掘った土の底に置き、上から土をかけておくと、やがてイモは地中に根を伸ばし、地上に顔を出した茎からは葉が増える。地下の根からはストロンという細い地下茎が伸びて、それぞれの先端に小さな塊茎（子イモ）をつけていく……。

成長した草からは花が咲き、小さな漿果《しょうか》もつくので、その中にある種子を採取すれば蒔いて育てることもできるが、品種改良のためにやる以外は、基本的に種イモから育てるのがふつうである。そうすれば親イモの遺伝子がそのまま子供に引き継がれる。

ゴッホの絵にあった農民は、大きいジャガイモから食べていき、春先に残った小さなイモを種イモにした。いわゆる自家増殖というやりかたで、イモを植えればイモが増えることを知って以来、おそらくどの地域でも繰り返しおこなわれてきたはずだ。

しかし、この方法でつくるとイモは病気にかかりやすくなり、しかもいったん病気にかかると被害が一気に広がるので、人びとはさまざまな工夫を重ねてきた。ナス科の植物には連作障害があるのでこれを避けることは当然として、より健全な種イモを選ぶ、土壌を消毒する、一度つくったら数年はその土地を使わないなど、細心の注意を払って毎年同じようなイモができるよう努力してきた。

イモが畑にいる間に、土の中や地上の葉茎から病原菌やウイルスが侵入する、あるいは害虫の卵が植えつけられる、といったことがかならずと言っていいほど起こる。それを知らずに（といっても知る方法はないのだが）翌年そのイモを種イモとして使うと、それらがそのまま子イモに受け継がれてしまう。

病原菌もウイルスも害虫も、残念ながら根

絶することはできないので、障害を予防するには種イモを厳重に管理するしか方法がないのである。

連作障害とは、同じ科の植物を同じ畑でつくり続けると、生育不良になったり収量が落ちたりする現象のこと。同じ作物を連作すると、土壌成分のバランスが崩れるだけでなく、その作物を好む病菌や害虫が集まってくるので、その科に特有な病気にかかりやすくなる。ナス科（トマト、ナスほか）、ウリ科（キュウリ、ゴーヤーほか）、アブラナ科（キャベツ、ブロッコリほか）などによく見られ、ヒルガオ科のサツマイモには少ないが、ジャガイモはナス科なので警戒が必要。

現代の日本では、種イモは農水省が所管する農研機構（国立研究開発法人農業・食品産業技術総合研究機構）が生産を管理している。

まず、ウイルスに感染していない完全無病の状態の、大元になる種イモが生産される。これを「原原種《げんげんしゅ》」といい、この「原原種」をもとに道や県の畑で「原種《げんしゅ》」が生産される。その「原種」から、種イモ生産団体（農協など）によって農家向けの種イモが生産される。

原原種をつくるときは、完全無病の状態であることをたしかめた種イモを選び、その芽を切り取って試験管で培養し、容器内で増殖した培養植物を、施設内の隔離温室で溶液噴霧栽培してウイルスフリーのミニチューバー（小さな塊茎）をつくる（1年目）。

そのミニチューバーを隔離された基本圃場の土に移して基本の種イモ（基本種）を栽培する（2年目）。そしてその基本圃場でできた基本種を、土壌検査を済ませた隔離圃場に植えつけて原原種を生産する（3年目）……といった段階を踏み、原原種の生産から農家に種イモが供給されるまでは、さらに3年かかるという。

原原種を育てる農場は、周囲に防風防虫林を設けてアブラムシの飛来を防ぎ、外周にはネットフェンスを張って動物の侵入を防止し、車両洗浄装置を設置してジャガイモシストセンチュウ等の土壌伝染病害を防ぎながら5年輪作を実施するなど、定期的に植物検疫官の検査を受けながら、完全な隔離環境を確保している。

まったく、腫れ物に触るような扱いである。そこまでやらないと、ジャガイモの安全は保障されないのだ。私は毎年春になるとホームセンターで種イモを買ってくるが、その大元が6年前は試験管の中にいたなんて、想像したこともなかった。

ジャガイモ博士に聞く

帯広の空港から芽室まで、針葉樹の林を抜けると、左右は見渡す限りの畑だった。さすがに北海道、という眺めである。春のまだなにもない土色の畑の、一部だけがうっすらと淡い緑色を帯びているので、タクシーの運転手さんに聞いてみた。あれは……小麦ですか？

「このあたりでは輪作していますから。あれは秋蒔きの小麦ですね。これから育つところです。ジャガイモ、小麦、ビート、あと、ここではナガイモですか、十勝の川西はナガイモが特産なので。この4種類の作物を、毎年順繰りに場所を替えながらつくっています」

と説明してくれた。

カルビーポテトの馬鈴薯研究所に着くと、農学博士の森元幸所長が出迎えてくれた。

「ジャガイモのことならこの人に聞け」といわれる「ジャガイモ博士」である。農研機構にいた頃から、ジャガイモの品種改良にひたすら取り組んできた。

――フランスの種苗店に行くと、何十種類もの品種の種イモが並んでいて、フライ用だのサラダ用だの、それぞれの用途に合うかどうかが点数で記されている。なるほどジャガイモをよく食べる国は違う、と思ったものですが、日本では長いこと男爵いもとメークインしかなかったような印象です。

「そうですね、とくに男爵いもが強過ぎて、困っています」

――でも最近はだいぶ品種が増えてきましたね。キタアカリとか……

「私はキタアカリの開発メンバーでした」

――あ、そうなんですか。それから、インカのめざめとか。

「それもそうですね」

――なるほど。でも、どうして男爵いもが強いと困るんですか？

「せっかくよい品種を開発しても、なかなか消費が広がらない。男爵いもがいちばん、という刷り込まれたイメージが壁になって。たとえば、さやか。大粒で見た目もよく目が浅いから消費者も使いやすいし、シストセンチュウ抵抗性があるから農家もつくりやすい。サラダやコロッケに最適な、男爵いもに代わる品種です。それから、身崩れの少ないピルカ。長い形状でメークインに代わる、気候変動にも強い品種です。それから……」

――でも、やっぱり男爵いもやメークインほど人気が出ないと。森さんは、これまでにどのくらいの品種を……

「30種以上開発してきました」

――ポテトチップスにするジャガイモはまた別の品種ですか。

「ポテトチップスにするには、目が浅くて皮剥きのロスが少ない、糖度が低くて油で揚げたときに焦げない、運搬しても傷つきにくい……といった特性が必要で、色が白く揚げてもきれいなトヨシロとか、やや長めの卵型で大きさが揃っているぽろしりとか」

――かたちも大切だし、焦げないように糖度が低いことも重要であると。

「寒さにあうとデンプンが糖分に変わるので、貯蔵中に糖度が上がらないようにチップ用の貯蔵庫は7℃以上にしています。生食用の貯蔵庫は3℃以下なので芽が出にくいけれど、7℃だとどうしても早く芽が出てしまう」

――夏から秋に収穫したジャガイモを、翌年まで貯蔵しておくわけですね。

「10月までに収穫したのを貯蔵庫に入れておきますが、どうしても年を越すころから芽が出はじめる。ジャガイモは休眠期間が短くて、長く貯蔵できないのが難点です。5月までは北海道産の貯蔵イモを使いますが、5月下旬から8月にかけては、九州から東北まで全国で生産されたジャガイモを順次使うシステムになっています。

――それで1年中ポテトチップスが食べられるわけですね！

「さいわいポテトチップスはおおむね国産のジャガイモで間に合っていますが、フライドポテトはアメリカ産がほぼ独占している状態です。これをなんとかしないと……」

――アメリカのジャガイモはサイズが大きいですからね。日本のはフレンチフライにするには長さが足りない。アイダホポテトなんて20cm以上もありますから。

「アイダホでは、ラセット・バーバンクという品種を、砂漠の中で灌水しながらつくっています。ほしいときに水をやるようにうまくコントロールして、しっかり肥大させる」

――日本ではああいう大きいのはつくれませんか？

「それが、実はいま考えているところなんですよ。いつかはつくりたいですね」

――ひとつの品種を生み出すのに、何年くら

料金受取人払郵便

神田局承認

2142

差出有効期間
2025年
9月20日まで
（切手不要）

郵便はがき

1 0 1－8 7 9 6

5 0 7

（受取人）
東京都千代田区西神田
三―三―五

朝日出版社 第五編集部
『玉村豊男のポテトブック』係

お名前		ご職業		お買上書店名	
ご住所	〒				
Eメールアドレス		TEL	（　　）		
		年齢	歳	性別	男／女

※このハガキは、アンケートの収集、プレゼントの送付、関連書籍のご案内に対応するためのご本人確認・配送先確認を目的としたものです。ご記入いただいた個人情報はアンケート結果のデータベース化や関連書籍案内の発送の際に、個人情報に関する機密保持契約を締結した業務委託会社に委託する場合がございますが、上記目的以外での使用はいたしません。以上ご了解の上、ご記入願います。

DM・メールマガジンを　□希望する　□希望しない

玉村豊男のポテトブック　愛読者カード

ご購読ありがとうございました。ご意見、ご感想をお聞かせください。

1　この本を何でお知りになりましたか

☐書店で見かけて　☐ホームページを見て

☐広告・書評を見て　（新聞・雑誌名　）

☐その他（　）

2　お買い求めの動機

☐著者のファンだから　☐タイトルに惹かれて

☐カバーデザインが良かったから　☐テーマに関心があったから

☐その他（　）

3　この本全体についてのご意見、ご感想をできるだけ具体的にお聞かせください。

4　お読みになりたい著者、テーマなどをお聞かせください。

上記ご感想を書籍のPRやウェブサイト等に匿名で掲載してもよろしいでしょうか？　☐はい　☐いいえ

いかかるものですか?

「だいたい、10年から15年」

——そりゃ大変だ。もう間に合わない?

「いえいえ、大丈夫ですよ。15年かかるといっても、育種の計画はいくつも同時進行していますから」

そう言ってにっこり笑うジャガイモ博士の森所長から、カルビーの製品をいっぱいいただいて帰ってきた。

インカ帝国の知恵

京大探検部のアンデス調査隊に参加して以来50年以上、現地の農民と暮らしをともにしながら研究を続けてきたもうひとりの「ジャガイモ博士」、国立民族学博物館の山本紀夫名誉教授には大阪まで行って話を聞いた。

山本先生はインカ帝国の基礎がトウモロコシ栽培にあったとする従来説に対して、アンデス高地文明を支えた主食はジャガイモであると主張している。

「イモは水分が多くて腐りやすいから、考古学的遺物として残りにくい。出土するのはトウモロコシばかりだから、研究者はどうしてもそういう結論に傾いてしまう。でも現地へ行って、いまもインカ帝国の時代と同じような暮らしをしている先住民の中に入ってみると、実際にはジャガイモが主食で、アンデスの高地ではイモ類をめぐる栽培や保存の技術が高度に発達していたことが分かります。文献だけで判断してはいけません」


インカ帝国は、標高３０００〜４０００ｍのアンデス高地を中心に１２００年代から周囲の王国をまとめ、最盛期の15世紀にはエクアドルからチリに至る大帝国となった。帝国を築いたケチュア族は標高３３９９ｍのクスコに首都を置いたが、もともとはチチカカ湖畔に住んでいた。インカ帝国は、スペイン人の侵略者たちがもたらした天然痘によって疲弊し、１５３３年征服者ピサロによって滅ぼされた。

「私が調査した村では、標高３０００ｍ以下でトウモロコシ、３０００〜４２００ｍでジャガイモを栽培し、４２００〜５０００ｍの高地では家畜を飼育して、その糞を肥料にする。ジャガイモはひとつの畑に20種から30種、数カ所の畑で合計１００以上の品種を栽培している。天候に左右されてもどれかが生き残るように、危険を分散しているわけです。

トウモロコシは酒を造って祭典や儀礼に使ったり、版図を広げるための贈り物に使ったりするもので、もちろん手に入るときは食べるけれど、日常の主食とはいえない存在です。主食のジャガイモは確実に収穫できるよう、標高が少しずつ違う土地に複数の畑をつくり、1年栽培すると、最低4年は休閑《きゅうかん》すると昔から決められていました。畑にマシュアという他のイモ類を混植することもありますが、そうするとジャガイモがよくできると言い伝えられてきた。これもセンチュウを防止する知恵ですね」

4～5年間栽培しないで土地を休ませると、病虫害を回避できるといわれている。研究によればマシュアにはセンチュウの駆除に効果のあるイソチオン酸エステルが含まれているという。栽培効率の悪い多品種栽培も、収量を求めるより持続して主食を確保するための知恵である。19世紀のアイルランドが、少ない肥料と痩せた土地でも育つランパーという品種のみに栽培を特化して飢饉に見舞われたことを考えると、多様性がいかに大切かよく分かる。

「アンデス高地に文明が成立したのは、ジャガイモの長期保存を可能にする加工技術が開発されたからです。夜は凍結して昼は太陽が照りつける熱帯の高地だからこそ可能な方法ですが、収穫したジャガイモを一面に広げて放っておき、イモが溶けたら足裏で踏み潰して徹底的に水分を抜く。そこからさらに水に晒す方法もあります。こうしてできたチューニョは、軽石みたいになって半永久的に保存できる。

寒冷地だからナマのジャガイモもある程度保存できるが、休眠期間が短い品種はすぐに芽が出てしまう。ジャガイモの収穫は半年くらい続きますが、最終的には収穫量の半分近くをチューニョにする。そうすれば端境期にも確実に食べられますから」

チューニョには、調理の前に数時間水に浸けておき、やわらかくなったら石臼で砕いて、ジャガイモや肉といっしょに煮込んでスープにする……といった調理法があるが、現地では大変好まれており、ボリビア高地には「チューニョの入っていないスープは愛のない人生のようなものだ」という諺があるそうだ。

「チューニョづくりは保存と同時に毒抜きの技術でもあるのです。ジャガイモにはソラニンという毒素が含まれていることは知られて

いますが、古い品種は毒性が強い。彼らはルキという、毒が強過ぎてそのままでは食べられない品種まで栽培していますが、乾燥凍結することで解毒できるからチューニョにすれば食べられる。ルキは病気に強くて耐寒性があるので、いざというとき役に立つのです。そうしたリスクヘッジもチューニョという加工技術が可能にしたのです」

一般には、穀物のように貯蔵可能な主食がなければ富が蓄積せず文明を築くに至らない、と考えられているので、アンデス文明でも貯蔵のできるトウモロコシばかりが注目されてきた。しかし「緯度の低い高地」という特殊な条件に恵まれた土地で発明されたチューニョの加工技術に着目した山本説がこれまでの常識を覆した。

「いま、ジャガイモの生産も消費も、中国をはじめとするアジア各国で急激に増えています。たとえばヒマラヤ山麓に住むシェルパ族は、19世紀半ばにチベットを経由して導入されたジャガイモを食べるようになってから病気が減り、人口が急増したので〈ジャガイモ革命〉といわれている。アフリカでもケニア、ルワンダ、エチオピアなどの高地で急増しています。ジャガイモの生産性の高さや栄養価の高さが認められるようになったのです。

それに較べると、日本は情けないね。ヨーロッパは偏見を克服してみんなジャガイモが大好きになったのに、日本にはいまだに、戦中戦後の食糧難に代用食としてイモを食わされたことに嫌悪感を抱く世代が残っている。学者の中にも、イモで文明ができるか、といって私の説に反発する人がいるくらいですから。

ジャガイモの年間1人当たり消費量は、ヨーロッパ96kg、アメリカ58kgに対して日本は25kgですよ。偏見のない若い人たちに、もっともっとジャガイモを食べてもらいたいですね」

ポテトの料理法

揚げる ポテトチップス

ポテトチップスの由来

ポテトチップスを最初につくったのは、ニューヨーク州サラトガ・スプリングスにあるムーン・レイク・ハウスというホテルの料理人、ジョージ・クラムである……という通説がある。もちろん料理の起源についてはつねに諸説があり、それ以前にレシピを記載した文献が存在していた、と指摘する人も少なくないが、料理には著作権がなく、実際に誰が最初につくったかは確認しようもないので、人物と日付を特定して面白い話に仕立てたこの説が広く行き渡ることになった。

サラトガ・スプリングスはニューヨークの金持ちやエリートが夏を過ごす人気の避暑地で、ムーン・レイク・ハウスのレストランには富裕層の顧客が多かった。当時「鉄道王」と呼ばれたコーネリアス・ヴァンダービルトもその一人だが、1853年8月24日、彼は料理の付け合わせに出てきたフライドポテトを見て、こんなもの食えるか、と言って皿を突き返した。

ジャガイモが分厚すぎるというのだ。自慢のフライドポテトに文句を言う客は初めてだったのでクラムは驚き、しかたなくもっと薄く切って揚げたのを持っていったら、それでもまだ部厚い、味も薄いし、もちゃもちゃしている、と再度のクレーム。頭にきたクラムはよく切れる包丁でジャガイモを紙のように薄く切り、パリパリに揚げて思い切り塩を振って出してみた。これならフォークも使えないし、塩辛くて食べられないだろうと思ったからだ。

ところがコーネリアスはクラムが嫌がらせに出した薄くて塩辛いチップスがおおいに気に入り、手づかみでむしゃむしゃ食べたという。この話が広まってポテトチップスは店の人気メニューとなり、クラムは「サラトガ・チップス」という名前で持ち帰りの袋入りスナックとしても商品化した。これで大儲けしたクラムはホテルから独立して自分の名を冠したレストランを開き、コーネリアスも常連として足繁く通ったという。

ジョージ・クラム(1824〜1914)は、アフリカ系アメリカ人の父と先住民モホーク族の母から、サラトガの郡部で生まれた。本名はジョージ・スペック。店が混むので待ち時間が長くなる客のために、パン粉の料理（どんなものか不明だが、パン粉をミルクでまとめて揚げたような、手でつまめる簡単なおつまみだろう）を配るのでまた人気だった。コーネリアスは何度店に通ってもスペックという名前を覚えようとしなかったが、客を待たせるウェイターよりパン粉の料理のほうが偉大だ、といって褒めたたえた。それを聞いたシェフは、以後、スペックという本名の代わりにクラム（パン粉）と名乗ることにした。

コーネリアス・ヴァンダービルト（1794〜1877）は、父祖がオランダから移民したアメリカ人実業家。父の跡を継いだ海運業で頭角を現し、勃興する鉄道事業に参入して財を成した大富豪で、傲岸不遜な人物といわれていた。

こんな物語だが、このときクラムが最初に出したフライドポテトというはどんなものだったのだろう。どんどん薄く切っていった……というなら、最初は分厚い円形の、硬貨のような形状だったのか。

英国で出版されたAnne《アン》 Renaud《ルノー》の“Mr.Clum's《ミスタークラムは》 Potato Predicament《ポテトでお困り》”（日本語版書名『せかいでさいしょのポテトチップス』）という絵本では、フィルバート・P・ホースフェザースという紳士が「クラムのレストラン」にやってきて、「ポテトだけをどっさり食べたい」という変わった注文をする話になっており、シェフは最初、「ポテトをくし形に切って、下茹でをすると、たっぷりのラードで揚げて、塩を振りかけた」と書いている。

注文の仕方から、ふだんポテトは料理の付け合わせで、単独で食べるものではないことが分かる。また、ポテトといえばフレンチフライのことで、ポテトを揚げるときは下茹でするのがクラムのレシピだったことも分かる。

この話では、紳士はそのポテトをフォークに刺して眺めながら「分厚い」と文句を言った。もっと薄く切った2度目も同じように見ただけで突き返され、さらに薄く切った3度目は、端のほうを少しだけ齧ったが「まだ分厚い、ちっとも味がしない」とまたダメ出しされた。それでクラムはフォークで突き刺せないほど薄く切ろうと考えた……という流れになっているが、イラストでは、3度目まではくし型のままより薄く切ろうとしているのに、最後は新しく小さめのポテトを持ち出して薄く輪切りにするようすが描かれている。

子供向けの絵本だが、作者はサラトガ・スプリングスの歴史博物館や公共図書館の協力を得、ポテトチップス史の研究家（そんな人がいるんだ！）にも取材しているので、信憑性は高いかもしれない。が、丸くてやや細長いジャガイモを、端を余さず無駄なく使うには、タテに何等分かして背中の丸いくし型に切るのが妥当だろう。この絵本では、かたちは背の丸いくし型だが、正対したジャガイモに斜めに包丁を入れて不均等な厚さに輪切りしている。絵柄から見ると、皮は剥かないまま調理しているようだ。

また、レシピについては「下茹でをしてから揚げる」と説明しているが、薄く切った2度目も、さらに薄く切った3度目も、同じように下茹でしたのだろうか。当時のアメリカでは、ポテトフライは茹でてから揚げるのが常識だったのか……。

フィルバート・P・ホースフェザースという紳士は、作者が創造した架空の存在か、それとも実在の人物か。クラムにポテトチップスを最初につくらせた人物がコーネリアス・ヴァンダービルトであるという説は、１９７３年におこなわれたポテトチップス用の紙袋をつくる会社の広告キャンペーンによって広く流布していたのだから、２０１７年に絵本を出版した作者が知らないわけがない。もし実在の人物であれば、新しい発見ということになるが……そもそも人物を特定する以前に、極薄のチップスはクラムが料理人になる前からムーン・レイク・ハウスではアイスクリームの付け合わせとして出しており、お菓子のように紙袋に入れて売られていた、と主張する人もいるくらいだから、この話は全体がフィクションの枠の中にあると考えて、あまり詮索しないほうがよいのかもしれない。

ポテトチップス

1 皮を剥いたジャガイモをスライサーで薄切りにし、ボウルに張った冷水に放って、余分なデンプンを取る。

2 ペーパータオルか布巾に包んで水気を取り、１８０℃の油で3〜4分、たがいにくっつかないように木ベラか網杓子《あみじゃくし》で絶えず掻き回しながら揚げる。引き上げたら、ペーパータオルに取って余分な油を切り、塩を振って供する。

現代のポテトチップスのつくりかたは右記のようなもので、ナマのジャガイモから揚げるのが一般的だが、アメリカで１８９６年に刊行されたファニー・ファーマーの『ボストン料理学校教本』(Fannie Farmer "The

Boston Cooking-School Cook Book”）には、茹でてから揚げる「サラトガ・チップス」のレシピが紹介されている。

サラトガ・チップス

1 洗って皮を剥いたジャガイモをスライサーで薄切りにし、ボウルに張った冷水に放って、2回水を替えながら2時間置く。

2 水を切ってから熱湯に入れて1分間茹で、湯を切ってから再び冷水に入れて冷やす。水から引き揚げたら布巾に挟んで水気を取り、たがいにくっつかないように網杓子で絶えず掻き回しながら揚げる。ペーパータオルに取って余分な油を切り、塩を振って供する。

このレシピにははっきり「薄切り」と明記していて、しかも下茹でをすると書いてある。この本はジョージ・クラムが存命中に出版された本で、しかも「サラトガ・チップス」という名前で紹介しているのだから、ヴァンダービルト事件から40年あまり経つ頃にはポテトチップスのレシピが定まっていたことが分かる。

なお、このレシピには「shadow《シャドー》 potato《ポテト》」という別名が記されている。影のように薄い……という意味だろうか。

スナックになる運命

揚げたジャガイモはさまざまな料理の付け合わせとして供されるが、その多くの場合はフレンチフライ（フライドポテト）で、ポテトチップスが付け合わせになることはきわめて珍しい。

いずれにしても、ポテトチップスは手でつまめる。というか、クラムが意図したように、フォークで刺して食べることができない。だから料理の付け合わせには適さず、むしろそれだけを手でつまんで食べるスナックのほうが似合っていた。クラムが紙袋に入れてテイクアウト商品として売り出したのも当然で、そもそもポテトチップスは生まれながらにしてスナックになる運命だったのだ。

スナックとしてのポテトチップスは、1890年代からアメリカで大量生産されるようになった。イギリスでも1920年代からアメリカ式の大量生産がはじまったが、イギリスではもともとフレンチフライのことを「チップス」と呼んでいたので、混同を避けるため「ポテトクリスプス」という名で商品化した（CRISP＝カリッとした、パリパリの）。チップスのCHIPは、切れ端、木片、を意味する語。同じような意味を持つ語にSHAVING《シェイヴィング》があるが、これは、削った髭、削り屑、という意味になる。ポテトチップスという呼び方が一般化する前から、生のジャガイモを切って油で揚げる「ポテトシェイヴィングス」という料理が知られていたという。

ただし、破片、切り屑、といっても、薄い輪切りを想像する人もいれば尖った木片を想像する人もいるように、その形状は特定できない。だからイギリスでは棒状のフライドポテトをチップスと呼んでいたのだ。アン・ルノーの絵本に出てくる、斜めに包丁を当てて薄切りにしようとするクラムのやりかたは「削ぎ切り」で、チップスというよりシェイヴィングスのイメージに近い。

des Pommes Frites

揚げる フレンチフライ（フリット）

フリットとフリッツ

フランスの国民食は「ステックフリット」である。

ステックはビフテキ、フリットはフライドポテト（フレンチフライ）。ビフテキといっても安い赤身肉をただ焼いただけのものだが、皿にはその肉が隠れるほど大量のポテトが盛られてくる。

フランス人は、このステックフリットを毎日のように、少なくとも週に3～4回は食べる。カフェのランチタイムはもちろん、家でも定番のメニューである。最近の若い世代ではいくらか多様化しているかもしれないが、ステックフリットの国民食としての位置づけは変わらない。

牛肉を最初に食べはじめた国はイギリスである。

牛は農耕に役立つ大切な家畜で、死んだときに食べることはあっても食用と考える者はいなかった。食べても硬くてまずかっただろう。

イギリスは他に先駆けて産業革命を成功させ、富を得た階級が土地を囲い込んだため広い牧草地ができた。牛を飼うには広い土地が必要で、その土地を用意することができたのはイギリスが最初だったのである。それまでヨーロッパでは、森に放った豚を冬に備えて屠るのがわずかな肉を手に入れる精一杯の手段だった。

1815年、ワーテルローの戦いで、皇帝ナポレオン率いるフランス軍はイギリスやオランダなどの連合軍に敗れ、ワーテルローのあるベルギーから敗走してパリに戻った。パリのチュイルリー宮殿近くの広場では勝ち誇るイギリス軍兵士たちがキャンプしていて、焚火に牛肉をかざして焼いていた。捕虜になったフランス兵は、指をくわえて眺めるだけ。美味しそうな牛肉を食べる光景が目に焼き付いて、それ以来フランス人のあいだにも牛肉食が浸透していった、といわれている。

ビフテキ（ステック）が一般のフランス人に広く食べられるようになった時期ははっきりしないが、おそらく19世紀も後半になってからだろう。その頃には最初は悪評ばかりだったジャガイモもその美味と有用性が理解されるようになり、ジャガイモをフライにして食べる習慣も根づいていたはずだ。両者はどこかで必然的に出会い、たがいに離れがたい関係になっていった。

一方、ベルギーの国民食は「ムールフリッツ」だ。

ムールはムール貝の白ワイン蒸し。フリッツはフライドポテト（フレンチフライ）。バケツ一杯のムール貝に、これまた負けないくらいの量のポテトがついてくる。

ムール貝は、フランスとベルギーの国境があるドーバー海峡付近の海岸で昔から大量に獲れる貝で、ジャガイモが普及すればジャガイモと合わせるのは当然の成り行きだった。

フランスでビフテキとフリットの組み合わせが成立する頃にはベルギーでもムールとフリッツのメニューができていたようで、いまも両国に多数のチェーン店をもつムールフリッツの専門店「レオン」はブリュッセルで1893年に開店している。

フランス語で「フリット」は、省略しないで言えば「ポンム・ド・テール・フリット」となる。ポンム・ド・テール（土の中のリンゴ）はジャガイモのことだが、あまりにも日常的な野菜になっているので、いちいち「ポンム・ド・テール」と言うフランス人はいない。ふつうは「ポンム」と言っただけでジャガイモの意味になる。だからフライドポテトもふつうは「ポンムフリット」と言い、さらに省略したときに「フリット」となるわけだ。

リンゴも「ポンム」、ジャガイモも「ポンム」では区別がつかないじゃないか、と思うかもしれないが、区別したい場合はリンゴのほうにわざわざ「果物の」という言葉を付け足して、「ポンム・フリュイ」（フリュイ＝フルーツ）と言う。リンゴはジャガイモに、母屋を貸して庇を取られた、というわけだ。

FRITE《フリット》はフランス語で「揚げた（もの）」の意。複数形はFRITESだがフランス語ではSがついても発音は変わらないからここでは「フリット」と表記した。ベルギーではFRITEはFRIETとなるようで、複数の場合は「フリッツ」と表記したほうがよさそうなのでそうしたが、そのあたりはよく分からないのであまり追求しないでください。

ポンムフリット（ポン・ヌフ）

1 ジャガイモの皮を剥き、1㎝角で長さ6〜7㎝の棒状（拍子木）に切り出す。よく洗ってから布巾などで湿り気を取り去る。

2 160～170℃に熱したたっぷりの油に**1**を少しずつ入れ、たがいにくっつかないように泳がせながら10分間、火が通るまで揚げる。ただし油分が中まで沁み込まないように、色づく手前で引き上げる。

3 引き上げたフリットを180～190℃の油で2度揚げする。3～4分で黄金色に色づき、カリカリに仕上がる。揚げ網をよく振って油を切り、ペーパータオルの上に広げて余分な油を吸わせてから、適量の塩をまんべんなく振りかける。

これはジョエル・ロブションのレシピだが、油の温度は高めで、揚げ時間もやや長い。フランスでは1回目が160℃前後で7～8分、2回目は180℃で2～3分またはきれいに色づくまで、とするレシピが多い。

ベルギーでも1回目は150～160℃で5～8分、2回目は175～190℃で2～5分という範囲に収まるレシピが多いが、1回目は125～140℃で4～6分という人もいる。揚げ時間はイモの種類やカットの大きさ、水分量などで変わってくるが、カットは「縦に1cm幅に切り出してそれをまた1cm幅にカットする」つまり1cm四方の棒状にするのが基本。長さはイモの大きさによる。ベルギーでは北部が10～11mm、南部が12～13mmと、地域で太さが違うという報告もある。

ベルギー人がこだわるのは、1回目のフライと2回目のフライの間に、かならず休み時間を設けることだ。休み時間は10分でいいという人もいるが、20～30分は必要とする人が多数派で、中には2～3時間という人もいる。いずれにしても、1回目に揚げたイモが十分に冷めていなければいけない、ということだ。2回目は食べる直前に、と考えれば、1回目のタイミングはほかの準備との兼ね合いで決めることになるだろう。

なおロブションは揚げる前に1～2分、塩を加えない熱湯に浸けて湯通しし、冷ましてから揚げることを勧めている。こうすると、とくに古いジャガイモの場合、色づきも食感もよくなるという。ベルギーのレシピにも、揚げる前に5分くらい熱湯で湯がく、という例があった。そのほうが糖分が減るので黒く焦げず、きれいな黄金色に仕上がるという理由である。

いまは、チップスはもちろん、フレンチフライでもジャガイモは生から揚げるのが常識になっているが、すでに見てきたように昔は下茹でをするほうがふつうだったし、現代でもそれを応用することができるということだろう。

前頁に掲げたロブションの原書のレシピには、ポンム・ド・テール「ポン・ヌフ」というタイトルがついている。権威ある『ラルース料理大事典』ではフリットをジャガイモの太さによって分類し、1辺3〜4㎜の棒状をアリュメット（マッチ棒）、それよりさらに細いのはパイユ（藁）……などと命名しているが、1㎝角で長さ7㎝という同じ形状のフリットに関しては、わざわざ「スタンダール（スタンダード＝標準）」と「ポン・ヌフ」の2種類に分けている。

どこが違うかというと、前者は180℃の1度揚げ、後者は温度を変えて2度揚げにするところだ。ポン・ヌフはセーヌ川にかかるパリでいちばん古い橋の名前だが、特別な名前がついているのは「標準」より高級だから、ということか。

いまはハンバーガー・チェーンのフレンチフライでも2度揚げが一般的になっているが、この2度揚げこそがおいしいフリット（フレンチフライ）をつくる秘訣で、この方法はベルギー人が考え出した、ということになっている。彼らによれば、フランス人は長いあいだジャガイモをフライパンで「炒めて」きた、深鍋にたっぷり張った油で2度揚げする方法は、1960年代になるまでフランス人の大多数は知らなかった、とさえいっている。

どこまでが事実か分からないが、「標準」があってその上に「ポン・ヌフ」があるということは、ベルギー人がいう通り、フランス人は後から2度揚げを知った、というのは本当かもしれない。

ベルギー東部の都市・リエージュの歴史学者ピエール・ルクレール教授は、ベルギーでは1892年に出版された料理教本に2度揚げのレシピが載っているが、同時代のフランスの料理書ではどれも1度揚げを推奨している。フランスで2度揚げを紹介したのは1936年に出版された料理書が最初だと主張している。ただし同教授によれば、ジャガイモを揚げるレシピを最初に載せたのは1775年にパリで出版された料理書だそうだ。

フレンチフライは魚のかたち？

フランスとベルギーは隣り合わせの国で、ベルギーの南半分はフランス語やフランス語にきわめて近いワロン語をしゃべるフランス語圏だ。風土的にも文化的にも共通する点が多い反面、異なる歴史的背景もあり、隣国ならではの微妙な感情も垣間見える。

それでも基本的には仲のよい両国だが、話がフリット（フリッツ）に及ぶと、途端にライバル意識が露わになる。

たしかに、ベルギーはポテトの本場である。冷涼な気候を好むジャガイモは、フランスでも北部が主産地で、さらに北のベルギーやドイツのほうがもっと適地だから、フランス人もベルギーのジャガイモが美味しいことは認めている。

食べかたも、フランスでは基本的にフリットは料理の付け合わせだ。食事のときに、皿の上に肉や魚の付け添えとして出されるフリットを、フォークで刺して食べる。もちろんステックフリットについてくるフリットを指でつまんで、ステーキにつけるために置かれている卓上の辛子（フレンチマスタード）をつけて食べる……ということはよくやるが、テイクアウトのフリットを食べながら街を歩く光景はあまり見かけない。

それに対してベルギーでは、街中のいたるところにフリッツの屋台があって、袋入りのフリッツをいつでも買うことができる。フリッツは指でつまんで、マヨネーズをつけて食べるのが慣わしだ。もちろん料理の付け合わせとしても出てくるが、もっとカジュアルな存在として日常生活に浸透している。

こうした状況を見ると、たしかにベルギー人のほうがより熱烈にフリッツ（フリット）を愛しているように思えるが、ベルギー人にとってなによりも残念なのは、その愛するフリッツが、世界中で「フレンチフライ」と呼ばれるようになってしまったことだ。

第一次世界大戦（１９１４〜１９１８）のとき、ベルギーに駐屯した米軍兵士がフリッツを食べて、フランスのポテトフライは旨い、フレンチフライは旨い、と言ったことから広まった、というのが定説だ。

アメリカ人にはフランスのフランス語とベルギー人の方言やワロン語との区別はつかないし、建物も食べ物も同じようだから、自分たちはフランスに来ていると思ったのだ。

が、そういうふうに思われること自体が小

国の悲哀であり、自分たちのソウルフードを奪われたような気分になるのだろう。

フリット（フリッツ）が、いつどこで生まれたか、という問題もデリケートだ。

フランス人は、パリでは1789年のフランス革命の直後ポン・ヌフの周辺にたくさんの屋台店が出るようになって、その中に焼き栗などの屋台に交じってジャガイモの揚げたのを売り出した店があり、そこが最初にフリットをつくったのだと主張する。

フランスの料理教本で標準より高級なフリットが「ポン・ヌフ」と名づけられているのは、ひょっとしてこの説に関係があるのだろうか。

この店が売り出した「ポンム・ポン・ヌフ」は、橋のかたちを真似て長い棒状に切ったジャガイモを揚げた……という説もあるが怪しい。いまのような棒状のフライではなく、輪切りだったという説が有力で、しかも厚さが2㎝くらいあったという。芝居帰りの客などに人気で、金持ちの中には自分の家でつくる人もいて、1794年に出た料理書にはそのレシピが載っているそうだ。

もちろん、ベルギーも負けていない。

フリッツは、ベルギー南部の町ナミュールで1680年に生まれた、というのがその説である。

ナミュールでは、町を流れるムーズ川で獲った小さな雑魚を、フライにして食べるのが庶民の楽しみだった。ところが1680年の冬は厳寒で川が凍結してしまい、魚を獲ることができなかった。そこで一計を案じた村びとは、ジャガイモを小魚に似せたかたちに切って、油で揚げて食べた。それがフリッツのはじまりだ、というのである。

ジョー・ジェラールというジャーナリストが、祖父が1781年に書いた文章を見つけた、と言って1985年に発表したこの説は、大きな反響を呼んだ。

祖父が書いた原文には年代の特定がなく、ただ「100年ほど前」とあるので、ジェラール記者はおそらく1680年の厳寒だろうと推定したのだが、これに対しては前出の歴史学者ルクレール教授から疑問が呈された。

ナミュールにジャガイモが広まったのは少なくとも1735年以降だから、1680年はあり得ない。1739年も1740年も同じような厳寒だったから、もし魚に似せてジャガイモを揚げたという話が本当だとしても、「40年ほど前」の間違いではないか。

それに、当時バターは非常に高価で、獣脂

は手に入りにくく、安い植物油もなかったから、そもそも揚げ物をするのは無理だった。たっぷり油脂を使えるのは上流階級に限られており、ジャガイモはもっぱら貧しい階級が食べるものだったから、両者が出会うことはなかったはずだと。

たしかに、田舎ではジャガイモをたくさん食べたが、鍋に水と塩を入れて茹でるか、焚火か竈で焼くか、わずかな豚の脂といっしょに煮込むか、そんな料理法しかなかっただろう。料理書に登場するジャガイモ料理の中には、輪切りにして揚げる、粉をつけて揚げる、ベニェ（天ぷら）にするなどのレシピが紹介されているが、実際には揚げるというより少量の油脂で炒めたもので、棒状に切る例も出てこない。

揚げ物をするには、大量の油脂が必要だ。欧米で調理に使われる油脂は、牛脂（ヘット）、豚脂（ラード）、あるいは鴨や鵞鳥など鳥獣の脂である。牛乳からつくられるバターは最高級で、バターを温めて不純物を分離した「澄ましバター」がいちばん贅沢だった。

世界全体を見渡しても、揚げ物ができる地域は限られている。大豆、綿実、ヒマワリ、ゴマ、落花生、紅花など、油を抽出できる植物が育つ地域以外では、揚げ物料理は発達してこなかった。オリーブの実からは優れた油が取れるが、この樹も生育する地域は限られる。フランス北部やベルギー、イギリスなどの「フリット大国」が大量の植物油を輸入して使えるようになるのは、19世紀も後半になってからのことである。

大量に調達するのが難しい動物性の脂では、ジャガイモを深い鍋で「泳がせるように」揚げることはできない。せいぜいフライパンの上で脂に絡めるくらいが関の山だ。だから欧米の言語では、「炒める」と「揚げる」の区別をつけていない。

「揚げる」は英語でフライだが、フライドエッグは目玉焼き。揚げタマゴではない。でもフライドポテトは揚げ物だ。両者を区別するには、わざわざ使う鍋を特定して「パン・フライ（pan-fry＝フライパンでフライする）」とでも言わない限り、「シャロウ（shallow＝浅い）フライ」、「ディープ（deep＝深い）フライ」など、油脂の量を別の語で形容しなければならないのだ。そうでなければ、ただ「揚げた（フライド／フリット）」と言っただけではどちらなのか分からない。

だからフランス人は、フリットといっても

ジャガイモをフライパンで炒めてきただけじゃないか、とベルギー人にからかわれても、反論のしようがないのである。

ドイツ人の屋台がつくったフリッツの歴史

ベルギーのフリッツの歴史には、ひとりのドイツ人が深く関わっている。

ジーン・フレデリック・クリーガー（Jean Frédéric Krieger）。1817年、南ドイツのバイエルン地方で街頭音楽師の一家に生まれた。

ヨーロッパでは中世から、町から町へと移動する大きな市が賑わいを見せていた。市が立つ日はお祭りのような騒ぎで、近隣の地域からの生鮮な肉や野菜、チーズなどのほか、衣料品から雑貨その他あらゆる商品を売る店が立ち並び、そのあいだを一団の街頭音楽師が練り歩く。道化師、手品師、剣闘士。射的、踊り子、人形劇。見世物小屋や芝居小屋も開かれた。テントや木造の仮設だが、市の期間中は毎日営業する。しばらく人を集めた後に終わりの日が来ると、市場は一気に片付けられて姿を消す。それは毎年やってくるのをみんなが心待ちにする、移動遊園地のようなものだった。

もちろん、市場にはさまざまな食べもの屋が軒を連ねた。浮き浮きして財布の紐が緩んでいるから、どの店も大繁盛だ。クリーガーはそのようすを見て、うだつの上がらない音楽師の仕事なんか止めて、料理人になろうと決意する。彼は家族と別れてパリへ行き、モンマルトル通りにあった「ル・サンジュ・ペルラン（巡礼する猿）」という店で料理人修行をはじめた。

この店で、クリーガーはポンムフリットに出会ったのである。

黄金色でパリパリの、見たこともない新しいイモのフライ。硬貨ほどの厚さに丸く切ってカリカリに揚げたフリットは、すでに何十年も前からパリでは人気だったが、まだベルギーには上陸していなかった。クリーガーは、パリで人気のフリットならベルギーでも大流行するに違いない、と直感した。

円形の輪切りにしたフリットは、1803年にはすでに「ヴェリー」というパリの有名なレストランでステーキの付け合わせとして出されていたという。1815年頃のパリには、フリットをメニューに載せるレストランが20軒くらいあったというから、クリーガーが知った頃にはレストランのメニューとしては相当広まっていたのだろう。

野心に満ちた若き料理人は、貯金をはたいてベルギーのリエージュの市場にテントの屋台を張り、フリットのテイクアウト専門店を開いたのだ。まだ20歳になったばかり、1838年頃のことである。実はその少し前にフランスからの移民プチ・ジャンがブリュッセルにフリット専門店を開いているから、クリーガーがベルギー初というわけではないのだが、彼には機を見る才覚と斬新な企画力があった。

まず、名前をクリーガーからFritz《フリッツ》に変えた。フリッツ！なんと商品名そのものをニックネームにしてしまったのだ。そして市が新しい場所に移動するたびに、地元の新聞に売り込んで記事を書かせた。そんな宣伝をするのは芝居小屋の劇団くらいで、食べもの屋台が新聞に登場するなんて前代未聞だ。

果たしてフリッツの店は大人気。テント張りの屋台だった彼の店は、1852年には木造のお洒落な店になっていた。10人ほど座れる客席があり、ビールやワイン、コニャックとともに、自慢のフリッツと焼きリンゴとワッフルがメニューだった。

ジャガイモをカットするのは機械だった。ガスで熱した8台の釜に、澄ましバターをたっぷり入れて2度揚げした。

トルコの研究家ディミトリー・ダスカリデスの説によれば、実はこのカットマシーンの発明こそが、それまで円形（輪切り）だったフリッツを、いまのような棒状（拍子木）のフレンチフライに変えたのだという。それまでは、毎朝早くからイモを洗い、それを輪切りにするのが大変な仕事だった。そこで時間を節約するために、フリッツはジャガイモをカットする機械を考え出した。

大きな木製のテーブルの天板に穴を開け、そこに、薄い鉄を尖らせた刃を縦に並べた網を嵌める。その上に皮を剥いたジャガイモを置いて上からハンマーで叩くと、鋭い刃でカットされたイモはテーブルの下に落ちる。下には水が入ったバケツが置いてあり、落ちたジャガイモは自動的に水に浸かる仕掛けである。この網目の形状から、必然的にジャガイモの形状も長い縦型になる。いまのようなかたちのフリットはこうして生まれた、というのである。

また、フリットの2度揚げをはじめたのもこの店で、時間の節約のためにジャガイモは朝のうちに一度揚げておき、店に来た客から注文を受けたらすぐに揚げ直して出すようにしたからだ、とダスカリデスは説明している。

フリッツはフリッツが入った大袋を「オム

ニビュス（乗合自動車）」、小袋を「ヴィジラン（一人乗り馬車）」と名付けて売っていたが、1856年にクリミア戦争が起こるとすぐさま時流に乗って、大袋を「リュス（ロシア人）」、小袋を「コサック兵」と変えた。この名前はその後も長く使われたので、「ロシア人」と書かれたフリッツの大袋の記憶が頭に残り、フリッツという食べものはロシアで生まれたと思っているベルギー人が、昔は少なからずいたそうだ。

アイデアと実行力で成功したフリッツは、1861年にはリエージュ市内に3軒の家を所有するまでになったが、最後の家ができて間もなく、1862年に肺病で死んだ。45歳だった。彼の死後、店は妻のルネ＝フロランスが受け継ぎ、彼女はマダム・フリッツと名乗って25年以上も店の名声を保ち続けた。

リエージュの市では、1856年に3軒だったフリットの屋台は1861年には17件以上に増えていた。その後、安価な植物油が手に入るようになると屋台の専門店は少しずつ減っていったが、大量の油脂で揚げ物をする作業には危険が伴うので、なかなか一般家庭には普及しなかった。実際、市場のフリット屋台の釜から出火して大火事になったことも再三あった。ベルギーでは、19世紀後半までフリットは専門店で食べるものだったのである。

マダム・フリッツは1889年、創業50周年を祝った翌月に73歳で亡くなった。その頃には家でフリッツを揚げる人も増えてきたが、それまでの50年間、ベルギー国民は毎年フリッツの屋台が市にやってくるのを待ち焦がれたものだった。

時代を追ってジャガイモの作付面積が拡大するにつれ、フリッツの値段も庶民の手に届くものになってきた。ポン・ヌフの屋台でフリットを売っていた頃は、ジャガイモはまだ新奇な植物で、眉をひそめる者も多かったが、一部の都会っ子が面白がって買い求めていたのだろう。20世紀が近づくと、ジャガイモは誰にとっても欠かせない存在になっていた。

フレンチフライは戦争とマックで世界に広がった

フレンチフライという呼びかたを広めたのはベルギーに駐屯した米軍兵士かもしれないが、同じ揚げかたのジャガイモ料理はその前から知られていた。

1856年に英国で出版されたイライザ・

ウォーレン『役に立つメイドのための料理読本』(Eliza Warren "Cookery for Maids of All Work" 2018年復刻版)が、フレンチフライのレシピを初めて取り上げた料理書とされている。

フレンチフライドポテト

新ジャガを薄くスライスし、沸かした脂に入れる。塩を加える。両面ともほどよい黄金色になるまで揚げ、脂を切って熱いうちに供する。

ここでは「フレンチフライ」の切りかたは薄いスライスである。「両面とも」とあるから、揚げかたはシャロウフライ。たっぷりの熱い脂で裏返しながら炒める、という感じだろう。鍋いっぱいの脂でディープフライするときに「塩を加える」のは変だが、炒めるのなら分かる。

なお、アメリカでは1896年に、先に挙げたファニー・ファーマーの『ボストン料理学校教本』が次のようなレシピを紹介している。

フレンチフライドポテト

小ぶりのジャガイモを洗って皮を剥き、縦に8等分して、冷水に1時間さらす。水から取り出したら布巾で水気を拭き取り、たっぷりの脂で揚げる。ハトロン紙の上で脂を切ってから塩を振る。脂が高温になり過ぎてジャガイモが焦げないように注意すること。

両者とも「フレンチフライ」という略称は用いていないが、このレシピが英国からアメリカに伝わったことは間違いないだろう。その間にいつ切りかたが「薄くスライス」から「縦に8等分」に変わったのかは分からないが、後者はたしかに現代のフレンチフライと同じスタイルである。

ベルギーに駐屯した米軍兵が細く切ったジャガイモのフライに出合ったとき、すでに兵隊仲間では「フレンチフライ」という簡単な呼び名が広く知られていたのかもしれない。第一次世界大戦が終わる頃には、フレンチフライという言葉はすっかりアメリカに浸透し、単に「フライ」と言うだけでフレンチフライを意味するようになっていたという。

私たちはフレンチフライのことを、「ポテトフライ」とか「フライドポテト」と呼ぶが、ポテトフライもフライドポテトも和製英語で、アメリカでは通じないらしい。フライドポテトのほうは文法的には正しいが、ただそれだけでは単に「揚げたジャガイモ」というだけで、どんな形状か、どんな揚げかたかは示していない。だから「フレンチフライドポテト」といえば分かってくれるが、ただ「フライドポテト」だけでは、それがフレンチフライなのかどうか分からないのだそうだ。私は実際に試したことがないのでなんともいえないが、そういえばマクドナルドのフレンチフライは「マックフライポテト」で、フライドという過去形の形容詞は使っていない。「フライポテト」ならよくて「ポテトフライ」ではいけない、というのもよく分からないが。

アメリカでは、20世紀に入る頃からフレンチフライが食堂やドライブインで出されるようになっていた。が、店にとってはあまり歓迎できない料理だった。

ジャガイモは切ってから少しでも放置すると、すぐに色が黒ずんで見栄えが悪くなるから、注文を受けるごとに皮を剥いて、カットしなければならない。

揚げ油はおもにラードだったが、つねに温度を一定に保つのは難しい。鍋にジャガイモを入れ過ぎれば仕上がりが油っこくなるし、揚げたらすぐに出さないと萎びてしまう。美味しいフレンチフライをつくるには、熟練した料理人の腕が必要だった。

その上、大量の油脂を使っての揚げ物はつねに油跳ねや発火など危険に満ちており、フライ鍋からの出火は日常茶飯事だった。だからその頃はどの店も、フレンチフライは割に合わないメニューだと思っていた。

ところが、第２次世界大戦（１９３９〜１９４５）で肉が配給になって品薄になると、ジャガイモの存在感が増した。店はハンバーガーのパティを小さくして肉を節約し、フレンチフライをたっぷり添えてごまかした。単品のフレンチフライも人気となり、配給が終わるころにはみんなが好むメニューになっていた。

ジャガイモの取り扱いの面倒さも、１９４６年にアイダホのJ・R・シンプロットが冷凍フレンチフライを開発し、１９５０年頃から安全に作業ができるフライヤーが導入されることによって解決した。

ハンバーガーより利益率の高いフレンチフライに、１９４０年に創業したマクドナルド兄弟は早くから注目していた。１９６１年にレイ・クロックがマクドナルドを買収すると、レイはアイダホのシンプロットと組んでシステムを強化し、アイダホポテトとマクドナルドの関係は世界をリードして今日まで続いている。

ステックフリットを毎日のように食べるフランスでは、あらかじめカットされた冷凍フリットを買ってきて、専用のフライヤーを使って家庭で揚げる。

が、そこまでしない大多数の国では、フレンチフライは外で買って食べるものだ。ポテトチップスと同じように、料理の付け合わせだったフレンチフライが世界に広まるにつれて単独のスナックへと変化していったのは、やはり家庭ではつくりにくい、つくるのが面倒だ、という理由があるからだ。

19世紀には一部の国の屋台で売られていた手づくりの揚げ物に過ぎなかったこの手間のかかるジャガイモのスナックが、100年後にはアメリカのファストフード店による組織的な大量生産によって世界中の人気者になったのである。

フィッシュ・アンド・チップス

インフレのニュースを伝えるときに、アメリカではハンバーガーを話題にするが、イギリスではフィッシュ・アンド・チップスを取り上げる。それだけ国民に根づいたソウルフードなのである。

チップスはもちろんフレンチフライのことだ。

アメリカでは「フレンチフライ」と呼び、フランスやベルギーはもちろんドイツなども含めてヨーロッパ諸国では「ポンムフリット」（略してフリット、フリッツ、ポンフリなど）とフランス語で呼ぶ1cm角で長さ7～8cmの揚げたジャガイモを、イギリスでは伝統的に「チップス」と呼んでいる。

アメリカの企業が「チップス」という名前で、薄切りの揚げジャガイモをイギリスに売り込んできたとき、イギリスは自国の同じ製品を「クリスプス」（クリスプ＝カリカリ、パリパリした、という意味）と呼んで区別し、「チップス」という名前は譲らなかった。

世界中が「フレンチフライ」と呼ぶようになった今日でも、イギリスだけは「フレンチ」という言葉を使わない。アメリカといっしょにされるのは嫌だが、フランスにも根強い対抗心を持っていることを、イギリスの「チップス」という語は示している。

フィッシュ・アンド・チップスは文字通り「魚とチップス」で、揚げた白身の魚にチップスを添えたもの。街頭の屋台で買って、包んだ紙ごと持って公園に行きベンチに座り、熱々の魚のフライとチップスを指でつまんで食べるのはイギリスならではの楽しみだ。

魚のフライといってもパン粉の衣ではなく、小麦粉とタマゴと水の、天ぷらの衣と同じものである。白身の魚はおもにタラ類で、魚にもチップスにも酢と塩をかけて食べるのが慣わしだ。酢はモルトビネガー。麦芽（モルト）からつくられる茶色いお酢だ。イギリス人はこれがないと満足しない。

ベルギー人がフリッツにマヨネーズをかけるように、アメリカ人はフレンチフライにケチャップをかける。カナダでは、粒状のチーズカード（凝乳）とグレイビーソースをかけたフレンチフライを「poutine《プーティン》」と呼んで愛している。プーティンは大統領の名前ではなく、英語のpudding《プディング》から転訛したという説が有力。

魚の揚げものを食べる習慣をイギリスに持ち込んだのは、スペイン系のユダヤ移民（セファルディ）であるといわれている。ユダヤ教の安息日には火を使って料理をすることが禁じられているが、魚の揚げ物は冷めても美味しいので、前日につくり置きすることができるからだという。

通説では、東欧から来たユダヤ移民ジョセフ・マリンが１８６０年代にロンドンで開店した店「マリンズ」が最初に白身魚とチップスを組み合わせた料理を提供した、とされるが、この頃から産業革命によって整備が進んだ鉄道輸送のおかげで新鮮な魚が流通するようになり、蒸気船による大量漁獲と冷凍技術の発達により、イギリスの工業化が進むとともにフィッシュ・アンド・チップスは労働者の安価な食事として定着していった。

ところで、魚とジャガイモの組み合わせというと、あのナミュールの逸話が思い出される。揚げたジャガイモは、揚げた魚の代わりになるだろうか。

日本でも、稲荷ずしの発祥は魚が獲れないときに油揚げを代わりにしたことから、ともいわれるように、牛脂や豚脂の香りをまとったジャガイモは、頭の中に魚をイメージするには十分な役割を果たしたかもしれない。

私が不思議に思うのは、フレンチフライ（フリット／チップス）のジャガイモは、しばしば両方または片方の端が直角にカットされていることである。

プロが書いた料理書では、長さを7㎝程度に揃えるようにと書いてある。アイダホポテトの場合は長過ぎるから、やはり直角にカットして長さを揃えるだろう。フレンチフライにするために、端の丸みのある部分をわざわざ切り捨て、長さを揃えて直線ばかりの形状にするのである。レシピの中で端を切るようにと指示するケースはなくても、できるだけ同じサイズのジャガイモを使えとかならずいうのは、結果として長さが揃うように、ということだろう。フレデリック・クリーガーが発明した機械で縦型に切ったのは分かるが、それから家庭でつくる人たちもいっせいに長い棒状に包丁で切るようになった……とも想像しにくい。フレンチフライはそういうもの、という刷り込みができてしまったのはいつからなのか、それともほかに理由があるのだろうか。

先に挙げたファニー・ファーマーのレシピでは、ジャガイモは「縦に8等分」に切る、と書いてあるだけで、「端を切り落とす」とは書いてない。8等分に切って、端はそのままにしていたのだろう。同じような細い棒状でも、背中が丸い、自然なかたちになったはずだ。家庭料理ならこれはきわめて当然の話で、ジャガイモを縦に8等分する場合でも、あるいは縦に2方向から包丁を入れて1㎝角の拍子木に切る場合でも、切れ端はそのまま残しておこうと考えるのがふつうである。わざわざ端を切って捨てるのはもったいない。

しかし、現代の私たちがフライドポテトをつくろうとするとき、なるべく長さを揃えようとしないだろうか。もちろん火の通りを均等にするには一定の太さと長さの棒状が望ましいという理屈はあるにせよ、一方で、1本1本長さが違っては別の料理と思われるのではないか……という心理もどこかで働いている。だとすれば、この、太さと長さを揃えるというところに、フレンチフライの神髄があるのかもしれない。

小魚は群れで泳いでいる。

ナミュールの村びとがジャガイモを小魚に似せようと思ったとき、できるだけ同じようなかたちの揚げものを揃えようと考えたのではないか。

私は、わざわざ端をカットしてでも長さを揃えようとする行為に、魚に似せよう、とする意思を感じるのだ。いちいち目鼻まではつけないまでも、端を切り落とすことで本来のかたちから離れたジャガイモは、その瞬間から小魚になるのである。

棒状のポテトを指でつまんで、よく見てみよう。ワカサギか、シシャモか、ママカリか……いまでも泳ぎ出しそうな、小さな魚に見えてくる……というのは考え過ぎだろうか。

チップ・バティ

イギリスに、チップ・バティという料理（?）がある。

パンにチップスを挟んでつくるサンドイッチのことである。

butty《バティ》は「Bread and Butter《パンとバター》」の短縮形で、ヨークシャーからリヴァプールあたりの方言らしい。パンは食パン、ロールパン、マフィンなどなんでも。2枚の食パンの間にチップスを1本ずつきれいに並べるやりかたもある。

パンに挟めばハンバーグのパティの代わり、食パンに挟めばハムの代わり。ここではジャガイモは肉の代用品だ。

つねに脇役のジャガイモ。でも、なくてはならないジャガイモ。あまり味がしないジャガイモ。でも食べるほどに美味しくなるジャガイモ。チップ・バティはピンチヒッターで存在感を示すジャガイモならではの一品だろう。


「パンに山のようにバターを塗り、チップスを溢れてこぼれるほど大量に積み重ねる。このときの問題は温度で、チップスはバターが溶けるほど十分に温かくなければならない。私はパブで酒はたくさん飲んだがロクな食べものがなくて腹が減っているとき、帰り道にチップスを買い込んで台所に直行し、まだ温かいうちにパンにはさむ。塩とバターで指をべとべとにしながらバティに食らいつくのは、心のもやもやを吹き飛ばす最高の快感だ」

Nigel Slater

Column

料理の四面体

「cook」《料理する》の語源が「火を加える」という意味であるように、「火を用いてナマの素材を食べられるようにすること」が料理であると考えると、あらゆる料理は四面体の上に位置づけることができる。

図の底面は「ナマものの世界」。加熱する前の素材の状態。ナマのジャガイモはここにいる。

図の頂点は「火」そのもの。ここに到達するとすべては焼き尽くされる。

そこに至る3本の直線は、それぞれ「水」、「油」、「空気」という、料理に欠かせない3要素のラインである。調理法は、火と素材の距離がそれぞれのライン上のどこに位置するかで決まってくる。

煮ものは水分の量によって「蒸し煮」から「シチュー」、「スープ」へ。揚げものは「煎る」からはじまって「炒める」、「揚げる」まで。素材を入れた水や油の量が変化することによって、異なる料理ができていくようすが分かるだろう。

空気は少し分かりにくいかもしれないが、ライン上の位置は素材と火の間の距離を示している。火に近ければグリル、少し離れてロースト、遠く離れた太陽の火を受けて乾燥すれば干物になる……。

「料理の四面体」モデルを使って、ナマのジャガイモがどんな料理になっていくか想像してみよう。

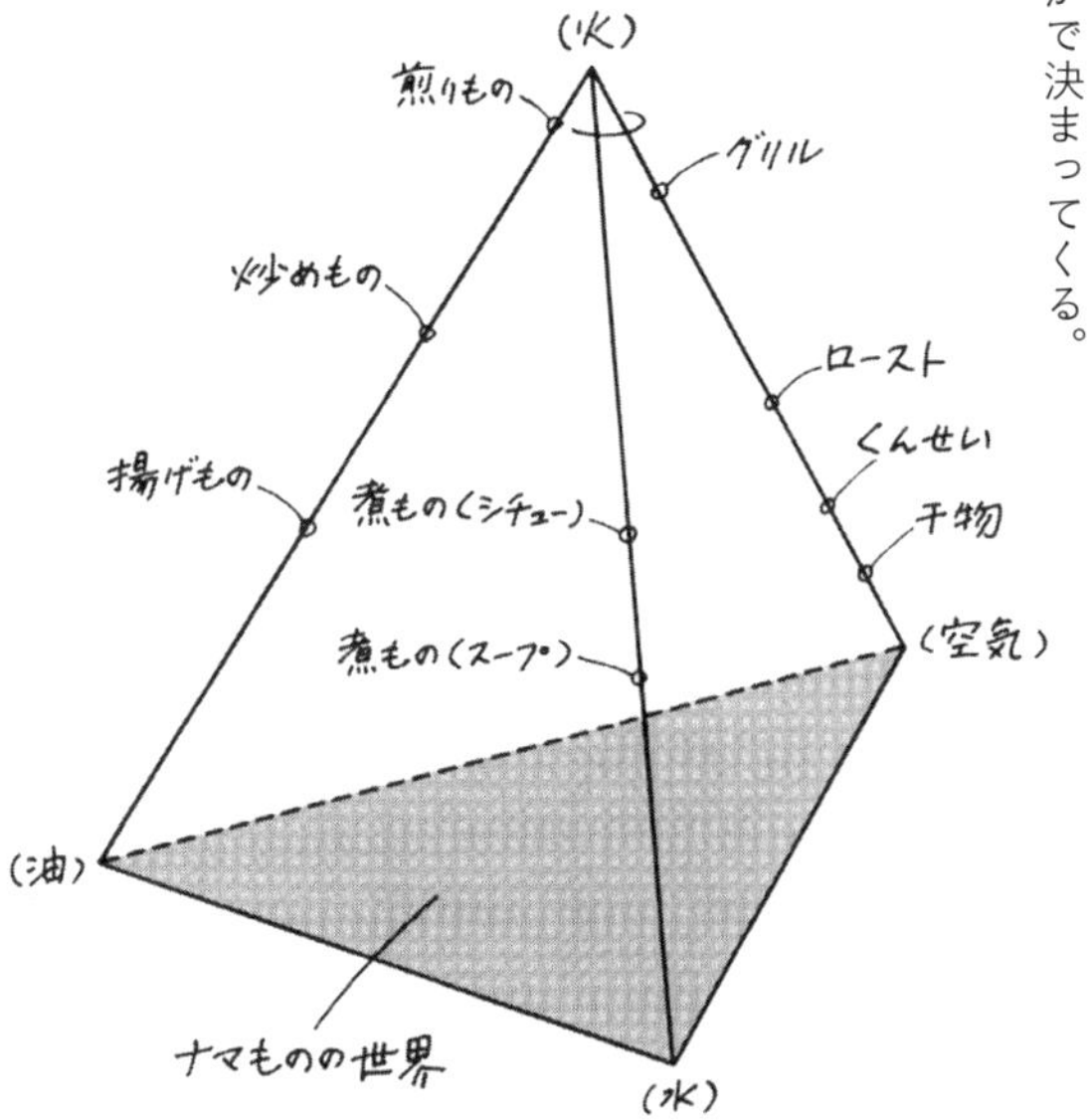

料理の四面体
出典：玉村豊男『料理の四面体』（中公文庫）より一部改変

焼く

ベークドポテト

ロンドンの焼きイモ売り

ベークドポテトというのは、大きなジャガイモを皮ごとオーブンで焼いたものである。焼きたての熱々を手でふたつに割って、たっぷりバターを載せて食べる。

あるいは、中身をくり抜いてベーコンやチーズなどを混ぜてから、再び戻して食べる。

アメリカでは大人気で、英国でも親しまれているが、ヨーロッパ大陸の諸国ではあまり出会わない、どちらかというと英語圏の料理である。

イギリスでは市場に行くと「ジャケットポテト用」という大型のジャガイモが売られている。茶色い皮をジャケットに見立てるのは英国流のユーモアだが、わざわざベークドポテト用の大型品種を売っている市場は、少なくともフランスでは見たことがない。

イギリスにベークドポテトが定着したのは、「ホットポテト」の歴史があるからだろう。

フィッシュ・アンド・チップスを売る最初の店「マリンズ」が開業する頃、ロンドンの街頭では「ホットポテト」が人気だった。

ホットポテトすなわち「熱いジャガイモ」は、パン屋へ行って焼いてもらう。ブリキ製の大きな平鍋に入れて窯で焼くと、焼き上がるのに1時間半はかかる。

ポテト売りは熱々のジャガイモを布でくるんだカゴに入れて運び、街頭に設えた専用の販売スタンドで売る。スタンドの中央にはジャガイモを入れるブリキの大きな容器。その下には鉄の火壺があって、湯沸かしの中の熱湯がつねにジャガイモを温めていた。大きな容器の左右には、塩とバターを入れる枠と、炭を入れておく枠があり、湯沸かしの脇から出ている小さな管からは水蒸気が立ち昇っている……。

その場で焼くわけではないが、日本の焼きイモと同じではないか。

パン屋の窯で皮付きのまま丸ごと焼くのだから、まさしくベークドポテトである。

アイダホの巨大ポテト

ベークドポテトが定着するには、大型のジャガイモ品種が必要だ。

イギリスにも大きな品種はあるが、アイダ

ホポテトを代表とするアメリカの巨大なジャガイモにはかなわない。

いまやアイダホのポテトは世界一の評判をほしいままにしているが、20世紀の初め、アイダホ州ヤキマバレーの農家がラセット・バーバンク種のジャガイモをつくりはじめた頃は、大き過ぎて売れなかった。

なにしろ1個の重さが1kgから2kg半もあり、長さは20cmから30cm。皮も厚くて、ザラザラしている。レストランに売り込もうとしても、大き過ぎて扱いにくいと言われ、どの店でも断られた。まったく、これじゃあ豚のエサにするしかねぇか……。

ノーザン・パシフィック鉄道の食堂車主任に任命されたばかりのヘイズン・J・タイタスは、たまたま乗り合わせた列車の中で地元の農民がそう話しているのを聞きつけ、1kgを超える大きさならいくらでも買う、とすぐさまその場で宣言した。安い食材で売れる料理をつくるのが、彼のミッションだったからだ。

が、レシピの開発は難航した。大き過ぎてなかなか火が通らないのだ。しかしタイタスはシェフたちといっしょになって試行錯誤を重ね、とうとう、皮つきのまま丸ごとオーブンに入れて長時間加熱すると、飛び切り美味しくなることを発見したのである。これなら、ほかにない大きさという特徴も生かせる。

タイタスはアイダホポテトを買い集め、「グレートでビッグな」ベークドポテトを食堂車の名物料理として売り出した。巨大なベークドポテトをかたどった派手な看板を立て、ハリウッド女優を使って広告を打ち、絵葉書やスプーンなどの販促グッズを発売して、ノーザン・パシフィック鉄道を「グレート・ビッグ・ベークドポテト街道」として宣伝したのだ。1909年以来50年間も続いたこの広告キャンペーンは、ノーザン・パシフィック鉄道とアイダホポテトの名を世界に広めたのだった。

有名になるには広告が必要。アイダホポテトの名声には、いかにもアメリカ的な物語が隠れていた。

ノーザン・パシフィック鉄道は、中西部ミネソタ州から太平洋岸まで、アメリカ北部を横断する全米初の大陸横断鉄道。南北戦争末期の1864年に開業し1970年まで存続した。「グレート・ビッグ・ベークドポテト」の広告イラストには、ジャガイモの皮の凹凸をロッキー山脈に見立てた絵が描かれていた。

ベークとロースト

bake《ベーク》（発音はベイクに近い）という語は、パンを焼く窯のような、密閉空間で加熱することを意味する。

パンを焼く釜は古代エジプトからあった。いまでも、土や石で築いたパン焼き窯を野外にしつらえている国は世界中にある。入口が小さく、奥が深い窯である。

肉を焼くのは、昔から焚き火と決まっていた。焚き火のような開放空間での加熱は、ベークではなくローストと言う。

西洋では部屋の周囲に壁をめぐらせるので、壁を利用して暖炉を設ける。中世のフランスでは、暖炉で肉を焼き、鍋をかけて煮物をした。暖炉は焚き火を壁際でやるのと同じことで、背後の壁からの輻射熱も多少はあるが、下で燃える火からの直射熱のほうがはるかに強い開放空間である。ただし、焚き火でも熾火や灰の中に埋めて焼く場合は、密閉空間での加熱だからベークになる。

パンを焼くときは、中で薪を焚いた後にパン種（生地）を入れて窯に蓋をし、余熱で長い時間焼くのが伝統的なやりかただった。ピザの場合は奥のほうで火が燃えているときに手前の空間に種を置いて短時間で焼くが、同じかたちの窯なのでやはりベークという。

ベークという語を使うのは、パンやピザを焼くときと、ジャガイモを焼くとき、それにベークドビーンズをつくるときくらいだ。ベークドビーンズというのは白いんげん豆をトマト味のソースで煮込む料理で、日本人で美味しいと思う人は少ないが、アメリカ人は伝統的な家庭の味としてこよなく愛している。いまはハインツの缶詰を使うアメリカ人が圧倒的に多いと思うが、昔は陶製の蓋つき両手鍋に入れ、焚き火の灰に埋めて何時間もコトコトと煮たものだそうだ。だからベークという語を使うのである。

近代に入ってイギリスで産業革命が起こると、暖炉の火を鉄板で囲んだ箱が調理器具として登場する。これが近代のオーブンである。

後に火源はガスや電気に変わるが、この発明によって、開放空間だった焚き火や暖炉での加熱が、オーブンという密閉空間の中でもできるようになった。それ以来、本来は外の空気に触れながら直射熱で焼く調理法を示すローストという言葉が、オーブンの中で輻射熱によって焼く場合にも使われるようになったのである。

現代のベークドポテトは、キャンプ場で焚き火の灰に放り込んで焼く以外は、オーブンで焼くのがふつうである。オーブンの登場によって、ベークとローストの区別がつきにくくなってしまった。

ベークドポテト

1 まず、できるだけ大きなジャガイモを選ぶこと。大きく太ったジャガイモでないと、ベークドポテトの良さが出ない。袋の中にあるうちでいちばん大きなジャガイモを選び、よく洗って、まだ濡れているうちに皮にまんべんなく粗塩をまぶす。

2 皮のあちこちにフォークを突き刺して穴をあけ、200℃に熱したオーブンの棚に置き、1時間か、1時間15分くらい加熱する。もちろん加熱時間はジャガイモの品種と大きさによって異なるが、いずれにしても途方もなく時間がかかる。

3 親指と人差し指で両側から触ったときに、わずかに押し返すような弾力が感じられるようになったら出来上がりだ。耳を澄ますと、蒸気が出るかすかな音が聞こえるかもしれない。持ち上げてオーブンから取り出すと、焼けた皮に亀裂が入る。

4 手のひらで左右から熱いイモを挟み（火傷したくなければ布巾に包んだほうがよい）、ゆっくりふたつに割る。かぐわしい湯気が一気に立ち昇り、軽やかでふわふわの、やわらかい中身が姿をあらわす。そこにバターをたっぷり載せる。

※分量は、1人当たり大きなジャガイモ1個。

イギリスのフード・ジャーナリスト、ナイジェル・スレイターによるレシピである。彼はまた、次のようなレシピも紹介している。

パンチェッタとゴルゴンゾラのベークドポテト

イタリアの香り高いパンチェッタが手に入らないときは、ふつうのベーコンを角切りにしたもので代用する。ほうれん草のサラダを添えれば、ディナーのメインディッシュにもなる。

●材料（2人前）

ベークドポテト…（中くらいの大きさなら）4個
パンチェッタ…100g
生クリーム…150g
ゴルゴンゾラ（ブルーチーズ）…100g

●作り方

1 必要ならフライパンに少量のバターかオイルを引いて、パンチェッタを黄金色に色づくまで焼く。

2 そこへダイスに切ったゴルゴンゾラと生クリームを加え、中火で1～2分、静かに泡立つまで加熱する。

3 ベークドポテトをふたつに割り、2のソースをたっぷりかける。

アメリカでは、ベークドポテトはステーキの付け合わせとして欠かせない。バター、チーズ、サワークリーム、カリカリに焼いたベーコンなどをトッピングして、彩りにチャイブを散らすのが一般的だが、塩胡椒とバターだけは外せないとしても、その他どんなものでもミックスしたりトッピングしたりすることができるので、ベークドポテトのバリエーションは無限である。

アイダホ・サンライズ

●材料（2人前）

ベークドポテト…2個
ベーコン…2～3枚
タマゴ…2個
チーズ（細く刻んで）…大さじ2杯
バター…大さじ1杯
パセリまたはチャイブ…（好みで）

●作り方

1 大きなアイダホポテトをベークする。

2 焼けたベークドポテトを冷まして、上から3分の1程度を切り取る。

3 残った3分の2のポテトの中身をスプーンですくい取り、薄い皮の容器をつくる。

4 すくい取ったポテトの中身にバター、細く刻んだチーズ、カリカリのベーコンを混ぜ合わせた後、もとの皮の容器に戻す。

5 上からタマゴを黄身が壊れないように注意しながら割り落とし、さらにその上から刻んだチーズを散らして、180℃に熱したオーブンで10~15分、タマゴが半熟になるまで焼く。好みで最後にパセリまたはチャイブを振りかける。

ベークドポテトのつくりかた自体も、昔とはだいぶ違ってきた。

焼き上がるのに時間がかかるのが難点だが、串かフォークでジャガイモに穴を開けてから焼くと時間が短縮できるとか、アルミホイルで包んで焼くといいとか、表面にオリーブオイルを塗ってから焼くと皮がパリッとするとか、いろいろな工夫が試みられている。

短時間で火を通すために、電子レンジを使う人も増えた。オーブンだと中まで火が通るのに1時間以上かかるのに、電子レンジなら10分以下で済んでしまう。電子レンジの普及は、焚き火がオーブンに変わったとき以来の大事件だ。

オーブンがローストの定義を変えたように、電子レンジも新しい分類を要求している。たとえばジャガイモをラップに包んでからレンジで加熱した場合、オーブンの中の空気が加熱に関与するわけではないから、「焼く」とも「ベークする」ともいえないだろう。ジャガイモが自分の中の水分で自分を加熱すると考えれば、むしろ「茹でる」か「蒸す」に近くなる。

電子レンジで加熱した後に短時間だけオーブンで焼いたジャガイモは、皮に焼き色がついているからといって「ベークドポテト」と呼んでよいものだろうか……。

伝統を守る立場のアイダホポテト協会は、ベークドポテトをつくるなら以下のポイントだけは外してはいけない、と説いている。

1 ラセット・バーバンク種のアイダホポテト®を使うこと

2 皮に傷をつけないように注意しながらよく洗うこと

3 洗ったらよく乾かし、オーブンで加熱する途中でジャガイモが爆発しないようにフォークであちこちに穴を開けておくこと

4 そしてなによりも、焼くときは絶対にアルミホイルで包んではいけない。

アルミホイルで包んで焼くと、焼ける途中で蒸発する水分が中にこもって、蒸したような状態になってしまう。そんなものはベークドポテトではない、というのが彼らの見解である。

焼く ローストポテト

ローストには油脂が介在する

肉を直火で焼くときは、火から肉までの距離によって表現が変わる。

火にかけた網の上に肉を置いて焼くときのように、火から近い位置に肉がある場合はグリル、離して焼く場合はローストとなる。

アメリカでは近い火で焼くときにブロイルという言葉も使うが、これはグリルが下からの火で焼くのに対し、ブロイルはおもに上または横からの近い火で焼く（炙る）ときの表現である。回転式の串に刺して焼く鶏のことをブロイラーというのはそのためだ。

野外で焚き火をしてバーベキューをやるときのことを考えてみよう。

焚き火の両側に1mくらいの高さがあるY字形の木の枝を立て、その間に肉の塊を刺した棒を渡して焼くのがローストだ。ときどき回転させながら時間をかけて焼くと、美味しいロースト肉ができあがる。

焚き火のすぐ上に鉄の網を置き、その上で肉を焼けばグリルである。厚切りにした肉の両面に強い火を当てると、網の目のかたちに黒い焼け跡がついて食欲をそそる。

パンを焼くときはベーク（焼けたパンを食べる前に炙るのはトースト）。

肉を焼くときはグリル（ブロイル）か、ロースト。

近代になってオーブンが発明されると、パンはオーブンで焼いても変わらずベークだが、肉をオーブンで焼くときは（遠い焚き火で焼くときと同様）ローストと言うようになった。魚や野菜その他の食材も（ポットで煮込むビーンズを除いて）オーブンで焼くときはローストと言う。

丸ごとのジャガイモは、焚き火で直接グリルするわけにはいかない。熾火か灰の中に埋めるのでなければ、オーブンに放り込んで焼くしかない。

この場合、焼き上がったものは、ベークドポテトと呼ぶべきか、ローストポテトと呼ぶべきか。

オーブンの登場以来ベークとローストは区別がつきにくくなったが、両者が決定的に違うのは、ベークという調理法には「油脂が介在しない」のに対し、ローストには「油脂が介在する」という点である。

ローストビーフとドリッピング

牛肉の塊を焚き火で焼くときは、下に受け皿を置いて、滴り落ちてくる脂（ドリッピング）が溜まるようにしておく。そのドリッピングをときどき肉塊の上からかけ（あるいは塗り）ながら焼くと、火の通りも均一で、色艶もきれいな仕上がりになる。焚き火の場合は熱が下からしかこないので、肉塊は串に刺して回転させる必要がある。

オーブンで焼く場合も、肉塊の下に受け皿を置く。バットに網を重ね、その上に肉塊を載せてもよいだろう。オーブンの場合は、狭い壁面のあらゆる方向から輻射熱がくるので、回転する串は必要ない。肉塊の片側にだけ脂肪層がある場合は、脂肪層を上にして焼くと、絶えず溶け落ちるドリッピングが肉塊の全体に行き渡る。

イギリスでは、暖炉でローストビーフを焼くときは、下の受け皿でヨークシャープディングをつくるのが慣わしだった。

小麦粉にタマゴを溶き入れ、ミルクと水を加えてシュークリーム程度の大きさにまとめたものを天板に並べておくと、上の肉塊から滴り落ちてくるドリッピングの熱で焼き上がる。貴重な（カロリーが高い）脂肪を、一滴も逃さず利用しようとする知恵である。

オーブンのときは、上下2段に並べるほどの高さはないから2回に分けて　肉塊を焼いたときに出たドリッピングを溜めておき、それをかけまわしながらプディングを焼く。

暖炉で肉を焼いていたのは富裕層だから、その頃の彼らはまだジャガイモを食べていなかったかもしれないが、オーブンで焼く時代になれば、面倒なヨークシャープディングよりローストポテトが主役になる。いまでは多くの人がオリーブオイルを使うようになったが、やはりドリッピングでなければと、昔ながらの方法にこだわる人もいる。

ローストポテト

1　ジャガイモの皮を剥いて、1片が5cm以上の、一口では食べきれない程度の大きさにカットする。これ以上小さいと中まで火が通り過ぎて硬くなってしまう。品種はキング・エドワードなど、ほかほかの粉質タイプが望ましい。

2

深鍋に切ったジャガイモを入れ、全体が隠れるほどの冷水を注ぐ。塩を加えてから、蓋をせずに強火で沸騰させ、5分経ったら湯を切る。

3

湯を切った深鍋を、中にジャガイモが入ったまま、両手で持って数回強く揺する。こうするとジャガイモの角が取れ、焼き上がったときに美味しそうな焦げ色がつきやすくなる。

4

オーブンを200℃に熱し、ローストビーフを焼いたあとのドリッピングをバットに入れて熱する。ローストビーフを焼かなかったときは、鴨か鵞鳥を焼いた後のドリッピングがあれば最高だが、なにも焼かなかったときはラードを溶かすか、やむを得ない場合はオリーブオイルで代用する。

5

3のジャガイモを、たがいに重ならないようにバットの油脂の上に並べ、全部の面に油脂が絡むようにする。

6

15〜20分ほど加熱したらいったんバットを取り出し、ジャガイモの天地を返して再びオーブンに戻す。こうすると上下ともにきれいな焼き色がつくが、何度も返すと焼き色が中途半端になるので、せいぜい1回か2回に止める。

7

合計45分間、あるいはもう少し加熱すると、表面が黄金色でカリカリの、中がやわらかくてフワフワの、最高のローストポテトが焼き上がる。

8

オーブンから取り出し、余分な油脂を切ってから全体にまんべんなく塩を振る。

そのままテーブルに出してもよいが、そのあとにもう1回、まだ熱いオーブンに戻して数分間、望みの色がつくまで仕上げに焼けばもっとカリカリになる。

これもナイジェル・スレイターの記述に基づいたレシピだが、人によっては焼く前に茹でる時間はきっちり2分間に限るとか、深鍋の湯を切ってからジャガイモの全体に小麦粉を振りかけてもう一度揺する、と書くレシピもある。が、私は個人的には小麦粉を使うのは邪道のような気がする。

ハッセルバックポテト

1 中くらいの大きさのジャガイモに、1〜3㎜間隔で深い切り込みを入れていく。底まで切り離さないように注意しながら端から端まで切り込みを入れ、アコーディオンの蛇腹のようなかたちにする（日本のレシピでは、ジャガイモの両側に割り箸を置いて切ることを奨めているが、外国のレシピでは、全体が載る大きさの木製のスプーンの窪みに入れて切るように書いてあった。割り箸のほうが便利ですね）。

2 バターを塗った耐熱皿に**1**のジャガイモを切り込みの入ったほうを上にして置き、溶かしバターをかけて200℃のオーブンで20〜25分焼く。

3 いったん取り出して、焼けたジャガイモの上に溶かしバターをかけまわし、再び15分ほど焼いて仕上げる。

ストックホルムにあるハッセルバッケン・ホテルで、料理学校の研修生リーフ・エリソンが1953年に思いついたとされるレシピ。バターの代わりにオリーブオイルを使う人もいるが、北欧の料理なので本来は使わない。料理の付け合わせにするのがふつうだが、切り込みにベーコンやチーズその他（トリュフとか！）好きなものを挟んで焼くと見た目も華やかな前菜になる。私がつくるときは切り込みにローズマリーやベイリーフなどの香草を挟んで、バターをジャガイモの上に置いて溶かしながら焼く。この料理をベークドポテトの一種と説明する人もいるが、私の定義ではローストポテトである。

ポテトウェッジズ

1 中くらいの大きさのジャガイモをよく洗い、皮をつけたまま（大きさにより）縦4つまたは8つに切り分ける。wedge《ウェッジ》は楔《くさび》の意で、背中の丸いくし型に切ったジャガイモをそう呼んでいる。

2 **1**のジャガイモを耐熱皿にたがいに重ならないように並べ、オリーブオイルをかけて全体に絡める。このとき、トウガラシやニンニクなど好みのフレイバーを加えてもよい。

3 200℃のオーブンで40分、または美しい焼き色がつくまで焼く。どの面にも同じ程度の焼き色がつくように、途中で皿の上のウェッジを上下に何度か返すとよい。

4 塩は最後に振ってもよいし、**2**のときにかけてもよい。また、オーブンに入れる前に切ったジャガイモを冷水に入れ、そのときに塩を加えてもよい。冷水にさらすと、余分なデンプン質が除かれて焦げにくくなり、食感もよくなる。水から引き上げたら布巾などで水気をよくふき取ってからオーブンに入れること。

肉類には脂肪があるから、焼いた肉の表面には自然に油脂が絡む。

が、野菜類をオーブンで焼く場合は、なんらかの油脂を加えて加熱しないと、乾いて皿や天板にくっついたり、焼けかたが均一にならなかったりする。だからバターやオリーブオイルなどを人為的に介在させる必要があるわけだ。

このレシピでは、ウェッジが比較的小さいので下茹ではせず、生の状態からオーブンで焼いている。そのほうが手間もかからず簡単で、しっかりした食感が楽しめる。

私はよくいろいろな野菜を、フライパンで炒めるかわりに、バットに入れてオイルをかけ、オーブンに放り込んで焼く。時間を設定してオーブンにまかせれば、その間は手が空いて他の仕事ができるからだ。

加熱する食材がもっと小さい場合は、「ローストする」のも「炒める」のもほとんど変わりがなくなる。

炒める

ハッシュブラウン

薄く切って炒める

英語では「揚げる」も「炒める」も「フライ」だといったが、フランス語では油脂を用いた加熱調理の方法をもう少し細かく分類している。

「ソテ」は、少量の油脂を用いてフライパンで素早く炒める。sauter《ソテ》は飛び跳ねるという意味だから、比較的小さく切った食材を、ときには跳ねるように勢いよく炒める（日本の料理用語では「ソテー」と伸ばすのが一般的なので、文中ではそうする）。

「リソレ」は、食材が鍋の底に接触した状態で、両面がしっかり色づくまで加熱する。煮る前に肉の表面を焼き固めるときなどに使う。

「ポワレ」は、鍋で焼く。ポワルはもっと深い鍋を意味する言葉だったが、いまでは一般的にフライパンで焼く（炒める）ことを指す。

以下は、ジョエル・ロブションの「ジャガイモの炒め物」のレシピである。著書『LE MEILLEUR & LE PLUS SIMPLE DE LA POMME DE TERRE』（美味しくてシンプルな最高のポテト料理）では、「生からソテーしたポテト pommes sautées à cru 」と名づけている。

ポンム・ソテー

1 皮を剥いたジャガイモを、厚さ3㎜の輪切りにする。よく洗い、水を切ってから布巾で水気をふき取っておく。

2 フライパンでバターまたは鵞鳥の脂を溶かし、1のジャガイモを15分間炒める。両面とも黄金色に焼けたら、塩を振り、余分な脂を切る。

3 皿に盛り、直ちに供する。

＊ 輪切りのジャガイモは、オイルでも、オイルとバターを混ぜたものでも揚げることができる。温めたバターの上澄みだけを使う「澄ましバター」ならさらに洗練された風味になるが、私の個人的な意見では鵞鳥または鴨の脂で炒めたものが最高である。

＊どんな油脂を使うにせよ、まず冷たいフライパンに油脂を入れてから徐々に加熱し、油脂が十分に熱くなってからジャガイモを加える。

＊輪切りの片面がフライパンの底に接するように並べ、黄金色になるまで動かさない。次に返して反対側を焼く。両面とも色づいたら火を少し落として、カリカリになるまで火を通す。

＊焼き終わる前に塩を振ってはいけない。そうするとジャガイモの硬さが失われる。

＊最後にニンニクのみじん切りを振りかけるのもよい。ただしニンニクはわずかに色づく程度に止め、焦がしてはならない。

＊同じく出来上がりに新たなバターを加えると、いっそう風味と輝きが増す。食卓に出す直前に刻んだイタリアンパセリを散らしてもよい。

＊生からソテーしたジャガイモは、直ちに食べなければならない。最高の一瞬を逃さず供すること。少しでもタイミングを逸すると、やわらかくなってしまう。

茹でてから炒める

ジョージ・クラムがうるさい客にクレームをつけられたとき、彼が出したフレンチフライは厚さが5〜7㎜くらいある輪切りだったのではないかと私は想像した。それを仕方なく4㎜にし、2㎜にし、最後は1㎜よりも薄くした……。

　1㎜なら生から揚げても火が通るが、4㎜だったら下茹でが必要だ。ロブションは3㎜でもこれだけ神経を使っているのだから、ジャガイモにしっかり火を通すのはプロでも難しい作業なのだ。

　クラムの物語を描いた絵本によれば、彼は最初、ジャガイモを背中が丸いくし形に切っている。分厚い、と言われたのは、皮のついた背中の部分だろう。背中の部分の厚さが7㎜も8㎜もあったら、生から炒めたのでは火が通るかどうか心配になる。背中に火が通るまで加熱したら、薄い部分はもう黒焦げになっている。

　炒めるジャガイモがある程度の厚さを持っているときは、下茹でをしたほうが安全だ(もちろん下茹でのかわりに、電子レンジを使う選択肢があることは言うまでもない)。

下茹でをしないなら、フライパンで炒める（ソテーする）のではなく、オーブンでローストするほうが確実だ。だから中くらいの大きさのジャガイモを、縦に4等分か8等分のくし形に切る「ウェッジ」の場合は、オーブンを使った。

　加熱する食材が小さい場合は、「ローストする」のも「炒める」のも〝ほとんど〟変わりがなくなる……と書いたが、どちらを選ぶのか、そこにあるわずかな差はジャガイモの厚さである。

ジャーマンポテト

1 ジャガイモを入れた鍋に冷水を張り、塩を加えて沸騰させる。フォークで刺せる程度にまで茹で、少し冷ましたらまだ温かいうちに皮を剥く。

2 ベーコンを小さく切り、フライパンでやわらかくなるまで炒める。ベーコンはいったん取り出す。

3 ベーコンの脂が残っている**2**のフライパンに、バターを加えて焦がさないように溶かした後、**1**のジャガイモを食べやすい大きさに切って並べる。

4 上からタマネギの薄切りとベーコンを散らし、中火で20〜30分、ジャガイモに美味しそうな焼き色がつくまで焼く。塩コショウで調味し、マジョラムやキャラウェイなどのハーブを加えてもよい。

英語ではジャーマンポテトまたはジャーマンフライドポテト、ドイツ語ではブラートカルトッフェルンと呼ばれる料理で、目玉焼きやソーセージといっしょに食べることが多いという。レシピの細部には地域によっても家庭によってもさまざまなバリエーションがあるが、「茹でたジャガイモをベーコンとともに炒める」ことだけは共通している。

　同じようにジャガイモを茹で、ベーコンを炒めた後、ベーコンの脂が残っている鍋にビネガー、マスタード、砂糖を入れて煮立たせた「熱いドレッシング」をつくり、それでジャガイモを和えれば「ジャーマンポテトサラダ」になる。これはサラダといってもまだ温かいうちに食べるもので、伝統的には皮が赤いジャガイモを使うのが慣わしだそうだ。

　ふたつのレシピは「ジャガイモとベーコンが組み合わさるとドイツ的になる」ということを示しているが、ともにジャガイモは1個を数片にカットして使う。食べやすいと同時に、炒めやすい大きさでもある。

細く切って炒める

　茹でてから炒めるのでない以上、ジャガイモによく火を通すには、細く切るしかない。細切り（繊切り）にして炒める料理の代表は、ハッシュブラウンだろう。日本語ではハッシュドポテトと言うが、これも和製英語だそうだ。

　英語でも、もともとはハッシュド・ブラウンポテト、あるいはハッシュ・ブラウンドポテト、とか呼ばれていたらしいが、いつのまにか短くなってハッシュブラウンになったという。アメリカの朝食に添えられる定番の一品で、日本ではホテルのアメリカン・ブレックファーストでよくお目にかかるが、実はこの料理もやはりイギリスから伝わったようだ。

　先に挙げたイライザ・ウォーレンの料理書（1856年）には、「朝食またはサパーのためにポテトをフライする」というタイトルで、ことさら料理名はつけられていないが、すでにほぼ同じつくりかたが載っている。

　この料理には肉もベーコンも必要ない。サマーセット地方では、このジャガイモだけの料理が朝食として、農民やミドルクラスはもちろん、富裕階級でも年間を通してしばしば食卓にのぼる。ジャガイモは夕食の残りか、茹でておいたのが別にあればそれを使う。
ジャガイモはできるだけ細かく刻んで（ただしマッシュにしてはいけない）、全体に塩を振る。載せる皿と同じくらいの大きさのフライパンに、ドリッピングかベーコンの脂を入れて、煙が出るくらいに熱したら、ジャガイモを一気に投入して、ナイフかスプーンでフライパンの全体に広がるように延ばしていく。10分間、黄金色になるまで焼く。焼き色がついたら、皿を上に載せてひっくり返す。熱い皿に載せて、熱いうちに供する。

現代のレシピは、以下のようなものが代表的だ。ウォーレンは茹でたジャガイモの残りを焼いているが、現代のハッシュブラウンはナマのジャガイモからつくる。またウォーレンは片面だけしか焼かないが、現代では途中で裏返して両面を焼くレシピが多い。茹でたのとナマとの違いだろうか。

ハッシュブラウン

1　皮を剥いたジャガイモを繊切りにして冷水にさらし、引き上げたらよく水を切る。

2　フライパンにバターを溶かし、1の繊切りを薄く延ばすように広げて炒める。塩コショウで調味し、裏側が焼けて固まるまで6分前後加熱する。

3　ヘラを使って裏返し、もう一方の側も茶色く色づくまで、また6分くらい焼く。

ハッシュブラウンに関するアメリカのサイトを見ると、何種類もの動画にヒットする。どれにも共通しているのは、繊切りにしたジャガイモの水分を徹底的に絞ること。繊切りにするには穴の大きいチーズおろしのような道具を使うが、あらかじめ大きなボウルに冷水を張っておいて、その中に切ったジャガイモを落としていくスタイルが多い。

すりおろしたら、そのまましばらく置いてでんぷん質が流れ出すのを待ち、網杓子ですくってざっと水を切ってから、大きな布巾に包んで両手で思い切り水分を絞り取る。

水の中に落とすのではなく、おろしたジャガイモを手でギュッと絞って水分を切る人もいるが、最後は布巾で水分を吸い取っている。いずれにしても、指先でさらさらとつまめるくらいに水分を切ることを強調している。

焼くための油脂はバターが基本だが、バターが焦げないように、先にオリーブオイルを入れてからバターの塊を加える人が多い。使う油脂の量はかなり多め。

繊切りをフライパンに入れたら、盛り上がっている真ん中のあたりを指でつつくようにして、フライパンの端のほうにまで広げていく。フライパンの端いっぱいまで円形に広げる人は少なく、だいたい厚さが1㎝以下になったところで広げるのを止めるから、出来上がりは端がツンツン飛び出したような不定形になる。

裏側が焼けたかどうかは、端のほうをヘラなどで少し持ち上げて色づき具合をたしかめるのだが、わざわざ見るまでもなく、やや浮き上がった端に近い部分から色が見えるのですぐに分かる。一見して分かるくらい、黄金色というよりまさしく「ブラウン」の名にふさわしい茶色になるまで、誰もがしっかり焼いている。

ハッシュブラウンは、ポテトチップスとフレンチフライに続いて、料理の付け合わせから出世して（?）世界的なスナックになった、「世界3大ポテトスナック」のひとつである。前二者と較べると小物感はあるが、マクドナルドでも「ハッシュポテト」として人気がある。

細い繊切りを適当なかたちにまとめて焼く（揚げる）料理だから、形状が自由になるのも製品化に有利である。ホテルの朝食に出てくるハッシュブラウンは円形とも矩形ともつかない不定形だが、マックのハッシュポテトは小判型だ。

スナックとして発展するには冷凍ができる必要があるが、この条件も満たしている。家庭で簡単に解凍調理ができるのも強みだ。

ただし、料理としてのハッシュブラウンと、スナックとして売られているハッシュブラウンは、かたちだけでなく色も違う。スナックとして売られているハッシュブラウンは、色が薄い。黄金色といえばそうかもしれないが、見た目はコロッケに近い色である。手づくりのハッシュブラウンとはまるで別物のようだ。

繊切りとみじん切り

ジャガイモを繊切りにするにはチーズおろしのような道具を使うが、大根おろしのような「おろし」にはならず、短めの「繊切り」になる。

英語では、「すりおろす」ときには「grate《グレイト》」という語を使う。「繊切り」の場合は「shred《シュレッド》」である。私が見たハッシュポテトのレシピ動画では、全員が「グレイト」という語を使っていた。

実は、英語でもフランス語でも、「すりおろす」と「繊切りにする」は境界が曖昧なのだ。フランス語では両方とも「râper《ラペ》／râpé《ラペ》」で済ませてしまう。

フランスには、日本のワサビおろしのような、穴の開いていないおろし金は存在しない。最近はかなり目の小さい穴のものがあるようだから昔よりは改善されたが、穴のない、つまりこちら側の表面だけですりおろしが完了するタイプの製品はないので、プロの料理人は日本から鮫皮おろしなどを買っていく。

もう50年くらい昔の話になるが、私がフランスでヒッチハイクしていたとき、南仏アルルのユースホステルで日本の料理をつくってくれと頼まれ、小鯛の天ぷらをつくることにした。手伝ってくれる仲間がいたので、ひとりには小枝を削って箸をつくってもらい、もうひとりには大根をおろしてもらった。ところが、私が台所で準備をしている間に彼がつくってきたのは、大根おろしではなく大根の繊切りだった。

私は「ラペしてくれ」と頼んだので、彼は言われた通りにしたのだった。しかたないので、大量の繊切り大根をみんなでみじん切りに切り直した。

スナックとして売られているハッシュブラウンには、繊切りをさらに粒々にこまかくして固めているものがある。

ついでに日本のレシピ動画も見たけれども、名前はハッシュブラウンだが繊切りではなく、電子レンジでチンした丸ごとのジャガイモを、マッシュポテトのようにフォークで潰してから小判型にまとめ、フレンチフライのように揚げている料理家がいた。これはハッシュブラウンではなくコロッケではないだろうか。

ハッシュブラウンはジャガイモだけ（あとは油脂と塩コショウ）でつくる料理だが、アメリカでも小麦粉やタマネギの粉末を加える人がいたし、日本では片栗粉やタマゴやコンソメの顆粒を加える人がいた。

どこまでが本物で、どこからが邪道か。ハッシュブラウンはそれだけ幅の広い料理である、というべきだろう。

フランスにもナマのジャガイモをすりおろして（ラペして）使う料理がある。チーズおろしのような穴の開いた道具でも、すりかたによって繊切りより大根おろしに近い出来上がりになるだろう。

生のままジャガイモをすりおろして水にさらし、よく絞ってから、タマゴ、小麦粉、溶かしたバターとミルクを加えて混ぜ、ラードを溶かした鍋で両面を黄金色になるまで焼く。これがオーヴェルニュ地方に伝わる「オーヴェルニュ風ラペ」である。

お隣のリムーザン地方では、タマゴもミルクも小麦粉も入れずに、ニンニクを潰したものと、パセリとネギとベーコンをみじん切りにして混ぜて同じように焼く。

ロシュティ①

1 前の晩に茹でておいたジャガイモを、皮を剥いて繊切りにし、塩で調味する。

2 鍋にバターとラード（またはオイル）を入れて熱し、**1**のジャガイモと、さいの目に切ったベーコンを加えて、ヘラでかき混ぜながらパンケーキのかたちに整え、20分ほど弱火でじっくり火を通す。

3 上から少量のミルクを注ぎ、サイズの合う皿で蓋をして、弱火でさらに10分ほど加熱する。

4 鍋を裏返して、蓋をしていた皿に中身を移す。

ロシュティ②

1 ジャガイモは皮を剥いて繊切りにし、鍋に入れて水を加え、強火で3分ほど茹でる。

2 粗熱が取れたら湯を捨てて水気を切り、塩コショウで調味して5分ほどおく。

3 フライパンに溶かしバターを熱し、**2**を中弱火で15分ほど焼く。

4 ヘラで押しながらかたちを整え、色づいたら裏返して反対側も同じように15分ほど焼く。

ロシュティ（またはレシュティ）は、スイスの郷土料理である。地域によってバリエーションがあり、家庭によってもレシピは異なるが、代表的な2例を挙げた。〈ロシュティ①〉はジャガイモのほかにベーコンを使っており、これは首都ベルン周辺地域のスタイルだそうだ。同じ繊切り（細切り）のジャガイモを炒める料理でも、ハッシュブラウンと違うところは、第一に、生のジャガイモではなく、茹でたジャガイモを炒めること。

　おそらく、ジャガイモは毎日のように食べていて、茹でたジャガイモがいつも台所にあるのだろう。ロシュティは、材料をわざわざ用意してつくる料理ではなく、残り物を利用してつくるお惣菜なのだと思う。弱火でじっくり加熱するのも、少し分厚く仕上げるのも、色は黄金色止まりでそれ以上濃くしないのも、ハッシュブラウンとは異なる方向性を目指している。

　最後に少量のミルクを加えるのも、特殊な例ではなく、多くのレシピに見られるやりかただ。蓋をしてミルクで蒸すようにすると、よりしっとりと仕上がるのだろう。

〈ロシュティ②〉は裏返して両面を焼いているが、〈ロシュティ①〉は片面だけしか焼いていない。

　両面焼きの〈ロシュティ②〉は、やや強い火で焼くので、色づきも多少濃いめになるだろう。

　裏返さないで焼く〈ロシュティ①〉のほうは、色づきより全体のしっとり感を重視している。

酸辛土豆絲《サンラートートースー》

1 ジャガイモは皮を剥いて細めの繊切りにし、冷水にさらしてから水を切る。

2 中華鍋に油を入れ、煙が上がるまで強火で熱する。

3 そこへ、まず刻んだ唐辛子を投入し、次いで**1**のジャガイモを一挙に入れて、大きく掻き回しながら手早く炒める。加熱時間はせいぜい1分ほど。

4 少量の酢や酒などを加えて調味し、汁気がなくなるまで炒めたら出来上がり。

　中国でよく食べられる家庭料理。ジャガイモのシャキシャキとした食感を楽しむ。酢と唐辛子の量を多くすれば「酸辛《サンラオ》」が強調され、花椒《サンショ》を加えれば四川風になる。

　最初の油にショウガやニンニクを加える人もいる。その場合は少し弱い火からはじめて、ジャガイモを入れる直前に強火全開にする。

調味の基本は塩と酢だが、醤油を加えるレシピもある。ただし、それで色がつくことがない程度の少量に限る。できるだけ白く仕上げるのがこの料理の肝である。

料理店のプロには、繊切りのジャガイモを水にさらした後、炒める前に湯がく人が多いようだ。熱湯に潜らせてから湯を切り、笊網に入れたまま放置すれば湯気で水分が蒸発する。ハッシュブラウンは焼き色をつけたいから水分を徹底的に絞るが、この料理は焼き色をつけたくないので、油と接触する際のジャガイモに多少の湯気が絡まっていたほうがすぐに焦げない安心感がある。最後に酢や酒などの液体を加えるのも、焦げを抑える効果がある。

シャキシャキとした食感が決め手だから、スピードが勝負。湯がいてから炒めれば、その分だけ炒める時間を短縮することができる。皿に盛ってから客の前に運ばれるまでに余熱で完成するのが理想だろう。

「土豆」はジャガイモ。「絲」は糸のような細切り。土の中にあるイモが大きな豆に見えたのだろう。日本でよく使う「馬鈴薯」も、中国由来の言葉である。日本語に訳すときに別の植物と混同した、という説もあるが、土から引き抜いたときに、いくつも連なって出てくるイモのありさまを馬の首につける鈴に見立てた……と考えるほうが面白い。北海道ではいまでもジャガイモを馬鈴薯と呼ぶ人が多いが、なかなか風情のある名前である。

Column

和食とジャガイモ

ジャガイモは、オランダ船が長崎の港にジャガタラ（ジャカルタ）から持ち込んだ。だからジャガイモと呼ぶようになった、というのが定説だが、時期については1600年前後という説もあり、また長崎に出島がつくられた1640年以降とする考えもある。世界への伝播時期から考えると後者のほうに説得力があるが、いずれにしても江戸時代の中期にはすでによく知られており、同じ頃に伝来したサツマイモとともに飢饉があるたびに栽培が広がった。

暖地が適しているサツマイモは鹿児島から西日本一帯へ、寒冷地でないと育たないジャガイモは甲州、東北へ。そして別ルートでロシアから伝わったともいわれる北海道で普及していった。江戸時代の飢饉からはじまって戦後の食糧難まで、ジャガイモはサツマイモとともに、コメに代わる「代用食」として日本人の空腹を支えてきた。

日本にはヤマイモやサトイモがあるから地下にできるイモは知っているし、聖書に記述がなくても関係ない。だからジャガイモが普及するペースはヨーロッパより早かったが、家庭料理の中に入り込むのは遅かった。

塩を入れて茹でるか、汁に入れて煮るか、いろりの灰に埋めて焼くか。そのくらいしか調理法がなかった時代が過ぎて、日本人の食卓にジャガイモが料理として登場するのは、文明開化で肉食の禁忌が解け、日本人がおおっぴらに肉を食べるようになって以降のことである。

ジャガイモが入った日本式のカレーは、英国風のレシピを海軍がアレンジしたもの。肉じゃがも最初は海軍でつくられた。そんな俗説があるのも、イギリスにならって体制を整えようとした日本の軍隊がいち早く洋食を取り入れたからだ。

カレーにジャガイモを入れたのは、イギリスにならったわけではない。海軍がジャガイモを入れたとしたら、それは安価な素材で兵隊の腹を満たそうとしたからだろう。肉とよく合うジャガイモなら、付け添えのライスともバッティングしない。肉じゃがは、淡白な味のジャガイモを醤油と砂糖で甘辛く煮て、肉を加えて味を濃くした汁をコンニャクに吸わせて飯を食う。これならイモとコメが両立する。

日本のジャガイモ料理の中で、唯一和風の風情を漂わせるのは「粉吹きイモ」だが、ただジャガイモを塩茹でして鍋を揺すっただけの一品では、それだけでご飯のおかずにはならない。結局、ジャガイモは和食の体系に取り込むことが難しかったので、西洋料理が日常化するまで家庭での消費量は増えなかった。料理書にジャガイモを入れたカレーのレシピが登場するのは明治も後半で、コロッケは大正時代から。肉じゃがという名称に至っては、一般化したのは戦後になってからだという。

茹でる

マッシュポテト

英国風に茹でる

ゴッホはジャガイモを食べる農民の姿を描いた作品を複数残している。「ジャガイモを食べる人々」あるいは「馬鈴薯を食べる人々」。馬鈴薯のほうがなんとなく雰囲気が出るが、ランプの灯の下で5人の男女がジャガイモを食べている。

食べているのは茹でただけのジャガイモである。バターはもちろん、塩の壺も姿が見えない。制作されたのは1885年の4月だから、保存していた種イモを植えた後に、残った小さいイモを家族で食べているのだろうと推察されている。

ゴッホは貧しいが尊い労働に従事する農民を称え、「大地のリンゴ」（オランダでもフランス同様ジャガイモをそう呼ぶ）を土から掘り出したその手で口に運ぶ光景を、聖画のように粛然と描いた、とされるが、貧しさが強調された暗い絵なので、モデルになった農民たちは、できた絵を見て嫌がったという逸話がある。

1885年といえば、隣国ベルギーでも都会ではフリッツが人気だった。そんな贅沢な華やかさとは無縁の、貧しい田舎の暮らしをゴッホは描きたかったのだろう。

ジャガイモは、一貫して貧しい人々の常食だった。

鍋で水から煮たジャガイモを、何もつけずに黙々と食べ、それだけで腹を膨らませる。アイルランドで飢饉に苦しむ家族が「月が出ている」と言って泣き笑いしながら食べていたのも茹でたジャガイモだ。

「茹でる」と「煮る」はどう違うのか。

水から熱した湯の中で加熱するのが茹でタマゴ。調味された煮汁の中で加熱するのが煮タマゴ。鍋の中の水分が水だけか、水になにか異物が加わっているか、という違いだけで、水に伝わった熱のエネルギーが食材を変化させる点ではふたつの調理法に相違はない。

ゴッホの農民やアイルランドの家族が「茹でジャガイモ」を食べていたのは、水の中に加える材料がなかったからだ。豚を屠ったときに取っておいた脂肪の端切れでも残っていれば、少しは味のついた「煮ジャガイモ」を食べていたはずだ。

ポンム・ア・ラングレーズ

1 大きさが揃った中くらいのジャガイモを、よく洗ってから皮を剥く。

2 小さなナイフで、どれもがタマゴ大の同じ程度の大きさになるようかたちを整える。

3 鍋に水を入れ、水1ℓ当たり10gの塩を加える。

4 そこへ**2**のジャガイモを入れて強火で加熱し、強く沸騰したら少しだけ火を弱めて、軽い沸騰状態を保ったまま20分茹でる。アクが出たらすくい取る。

5 ジャガイモにナイフの先を刺して、*抵抗なく刺さり、かつ身崩れしていない状態かどうかを確認する。
（＊日本なら串か楊枝を使うところ）

6 火を止めて鍋に少し水を足し、そのまま湯の温度を80℃程度に保っておく。

7 供する直前に湯を切りジャガイモを取り出す。

フランス料理の教科書に載っているジャガイモの茹でかたである。素朴な農民の茹でかたとは大違いだ。

茹でたジャガイモを、フランス料理では「英国風のジャガイモ（pomme à l'anglaise）」と言う。熱いうちに溶かしバターをかけ刻みパセリを振って食べるか、ムニエルや肉の煮込みなどの付け合わせにする場合は茹で上がりをそのまま添える。

フランス料理には「英国風」の名がつく料理名や調理法がいくつかあるが、もっとも古くから一般的に使われてきたのが、「塩を入れて沸騰させた大量の水で野菜を茹でる」工程を示すときだ。

そんな茹でかたはどこの国や地方にもあったろうに、どうしてフランス人はわざわざ「英国風」と呼ぶのか。19世紀の料理人が名付けたに違いないが、はっきりした理由は分からない。

おそらく、ただ茹でただけで、それ以上手を加えないところに「英国風」を感じたのだろう。かつては、バターもソースもつけずに食べる焼きっ放しのステーキのことを「英国風ステーキ」と呼んだこともあるそうだ。

要するに、素朴な、手をかけない、自然に近い……19世紀の料理人から見れば決して誉め言葉ではない、というよりは、洗練された料理を知らないイギリス人を見下したような命名、と考えるほうが合っていそうだ。

茹でてから潰す

ジャガイモの原産地ペルーのチチカカ湖畔でも、ジャガイモは茹でて食べていた。

私も一度だけペルーに行ったことがあるが、クスコの市場などでカラフルなジャガイモが売られているのをよく見かけた。色もさまざま、かたちもさまざまで、どれも押しなべて小ぶりである。あんなに小さいジャガイモでは、ナイフで皮を剥いたら食べるところがなくなってしまう。

英国風に、茹でただけのジャガイモを丸ごと皿に載せるなら、ナイフで皮を剥き、さらに余分な凹凸をカットして、きれいにかたちを整える必要があるだろう。が、茹でた後に切ったり潰したりするなら、皮のまま茹でてあとから指で皮を剥くほうが無駄がない。

茹でてから潰せば、マッシュポテトになる。

マッシュポテト（ピューレ・ド・ポンム）

1 ジャガイモ1kgは洗ってから皮のまま鍋に入れ、1ℓ当たり10gの塩を入れた水で茹でる。強火で沸騰させてから約20分、ナイフの先が抵抗なく刺さるまで（串が通るまで）加熱する。

2 引き上げて湯を切ったジャガイモの皮を剥き、適当な大きさにカットし、底の平たい鍋かバットなどに入れて、フォークやマッシャーなどを使って潰す。

3 2のマッシュを塩コショウで調味した後、ジャガイモ1kgに対して50gのバターと250mℓのミルクを加え、攪拌する。バターは冷たいまま、ミルクは熱してから、同時に投入しながら激しく攪拌して、両者のすべてがマッシュ（ピューレ）に吸収された時点で攪拌するのを止める。

フランスで一般的に紹介されているマッシュポテトのレシピはこのようなものだが、ここで再びジョエル・ロブションを持ち出して、プロのレシピと較べてみよう。フランス料理の帝王と称されたロブションは、このマッシュポテトの美味しさが評判になって、一気にスターダムにのし上がったともいわれている。

ピューレ・ド・ポンム
（ジョエル・ロブション）

1 皮をつけたままよく洗ったジャガイモ1kgを鍋に入れ、上に2cmほどかぶる量の冷水を注ぐ。水1ℓ当たり10gの塩を加え、蓋をしてジャガイモに完全に火が通るまで加熱する（均一に火が通るように、なるべく同じ大きさのジャガイモを選ぶとよい）。

2 温かいうちに皮を剥き、大鍋の上に野菜濾し器を置いて濾し、ピューレにする。

3 鍋を火にかけ、中のピューレを木のヘラで掻き回しながら4～5分、水分を飛ばす。

4 冷やして硬くしたバター250gを小さく切り、少しずつピューレに混ぜ合わせる。全体が均一に滑らかになるまで激しく掻き回すことが重要。

5 ミルク20～30mℓを沸騰させ、熱いまま少しずつ垂らすようにして加えながら、激しく掻き回してピューレにミルクを完全に吸わせる。

6 さらに肌理を細かくするには、布製の細かい目の濾し網にかけて濾す。

注目すべきは半端ないバターの量である。バターに対して、ミルクの量が極端に少ない。先に挙げた一般的なレシピと較べると、バターが5倍でミルクは10分の1、バターとミルクの割合は前者が「1対5」、後者のロブションはなんと「10対1」である。

バターは最高級の発酵バターを使っているに違いないから素晴らしく美味しいことは間

違いないが、レシピを知ると食べるのが怖くなる。大シェフは、

「250gのピューレは500㎉あるが、それでも同量のフリットより少ない。ダイエットには向かないが、少量でも十分満足できるから、毎日食べなければ問題ない」

と言っているが……。

実際にやってみると、ロブションのいう、ごく少量のミルクを「少しずつ垂らすようにして加えながら激しく掻き回す」という作業は、きわめて難しい。レストランのように助手がいればともかく、ひとりでは絶対にできない。

ミルクの割合を増やすと濃厚感が薄まるのはたしかだが、ミルクが増えればその分作業はラクになる。

潰したジャガイモに温めたミルクをたっぷり注いで、鍋を火にかけ、底が焦げつかないように注意しながら絶えず掻き回していれば、少しずつミルクは蒸発する。ちょうどよい柔らかさになったところで好みの量のバターを加え、バターが溶ければ出来上がり……というのが、もっとも妥当なやりかたではないかと私は考えている。

コロッケ東西

マッシュポテトを利用した料理といえば、日本人ならまずコロッケを挙げるだろう。

レシピは家庭の数だけあると思うが、基本的には潰したジャガイモに挽肉とタマネギを炒めて混ぜ、おおむね小判型に成形し、パン粉をつけて揚げる、という料理である。

日本のコロッケは、フランス料理の「クロケット・ド・ポンム」からきたものだといわれているが、元のレシピは以下のようなものだ。

クロケット・ド・ポンム
（ポテトコロッケ）

1　皮を剥いたジャガイモ（1・5kg）を乱切りにして、塩を入れた熱湯で20分以上茹でる。

2　水分を切り、250℃のオーブンで表面が白くなるまで乾かす。

3　**2**のイモを潰して、まずバター150gを加え、次に卵黄5個分をフォー

クで混ぜながら少しずつ加えて練り合わせる。

4 油を塗った皿の上に**3**を延ばして完全に冷ました後、手に粉をつけて丸め、直径3cm程度の円筒形に延ばしてから、6〜7cmに切って角を丸める。

5 パン粉をつけて、180℃の油で3分間揚げる。

6 ペーパータオルの上に広げて余計な油を取り、焼いた肉などに添えて供する。

マッシュポテトは卵黄がたっぷり加わったいわゆる「侯爵夫人のマッシュポテト」と呼ばれる高級なバージョンだが、中身には肉が入らない。フランスではおもに肉料理の付け合わせとして用いられるので、ジャガイモの中に肉は不要なのだ。

フランス料理にはさまざまな種類のクロケットがあるが、たとえば牛肉のクロケットは次のようにつくる。

クロケット・ド・ブフ（ビーフコロッケ）

1 茹でた牛肉と脂の少ないハムを、小さめのダイス（さいの目）に切る。

2 固めに仕上げたベシャメルソースの中に**1**を入れ、卵黄を加えて混ぜる。

3 **2**を完全に冷ました後、円筒形に成形し、パン粉をつけて揚げる。

ジャガイモのクロケットには肉が入らず、肉のクロケットにはジャガイモが入らない。ジャガイモのクロケットは料理の付け合わせだが、肉の入ったクロケット（牛肉のほか、魚介や鶏肉、ハムなどのクロケットがある）は、前菜として、何らかのソースを添えて供される単独の料理である。大きさも、やや大きい。ベシャメル系のクロケットが日本に伝わって「クリームコロッケ」になったのは分かるが、イモと肉が両方入る「ポテトコロッケ」はどこからきたのだろう。

オランダにもクロケットがあって、日本語の「コロッケ」の元になったのはオランダ語のほうではないかといわれている。

オランダでは、クロケットは街頭で売られている人気のスナックで、かたちは日本の小判型と違って細長い円筒形だが、中には牛の挽肉やその他の肉類を入れる。

が、ベースはジャガイモではなくベシャメルソースだから、やはり「クリームコロッケ」の仲間に入るだろう。

クロケットが日本に伝わったのは明治時代で、最初は高級な西洋料理だった。

が、そのうちに「クロケット」は「コロッケ」と呼ばれるようになり、ベシャメルソース系の「クリームコロッケ」が高級洋食にとどまったのに対し、ジャガイモを使った「ポテトコロッケ」は、大正時代になると庶民的な惣菜として人気を博すようになった……。

正確な筋道はたどれないが、だいたいそんなふうに理解しておけばよいだろう。

私は昭和20年の生まれだが、小さい頃は近所の肉屋さんでよくコロッケを買って食べたものだ。1個7円だった。店の横に設えた鍋で揚げたコロッケは熱々のホクホクで美味しかったが、中のジャガイモのところどころに茶色いものが見えるので、挽肉の粒かと思うとジャガイモの皮だったりした。それでも肉屋さんのコロッケは余った肉が入っているから美味しいと誰もが信じていた。

ジャガイモに挽肉とタマネギを加えてつくる現在のコロッケの原型は、大正時代に東京の洋食店のコックが開発し、関東大震災以降、精肉店がつくって売るようになってから一気に広まったという。

安いジャガイモだけ仕入れれば、残った屑肉や溶かしたラードはいくらでもあるのだから、たしかに肉屋のコロッケは絶妙なアイデアだった。大震災後の混乱の中で、町で簡単に買えるジャガイモのスナックは人の心も温めたに違いない。

薬剤師パルマンティエ

フランスには、ジャガイモの普及に一生を捧げた薬剤師・農学者がいる。アントワーヌ＝オーギュスタン・パルマンティエ（Antoine-Augustin Parmentier, 1737～1813）。

彼は英仏を中心に争われた7年戦争（1756～1763）にフランス陸軍の衛生兵として従軍したとき、プロイセン（ドイツ）軍の捕虜になり毎日ジャガイモばかり食べさせられた。

ちょうど、ヨーロッパでは嫌われていたジ

ャガイモがアイルランド以外にも普及しはじめ、ドイツでも救荒作物として広く栽培されるようになった頃である。パルマンティエはまだフランスでは有害な植物として忌避されていたジャガイモに、戦場ではじめて出合ったのだった。

捕虜の糧食として与えられるジャガイモ料理が、どんなものだったかは想像がつく。それを毎日食べさせられれば、ジャガイモの顔も見たくなくなるはずだ。

ところがパルマンティエは、解放されたとき、自分はジャガイモのおかげで生き延びられたのだ、と考えて、その栄養価や有用性について考察を巡らした。そしてパリに戻ると早速、ジャガイモの栄養学的研究をはじめたのである。

彼はジャガイモがいかに食糧危機を救い、戦争と飢饉で疲弊したフランスを救う植物であるかを説いた論文を次々と発表し、とうとう王室も政府もこれを認めて、国策としてジャガイモの栽培を推進するようになる。パルマンティエはその先頭に立って、生涯ジャガイモの普及に力を尽くしたのだった。

こうして、農学者としても啓蒙家としても社会運動家としてもきわめて有能だったパルマンティエは、フランス人を「ジャガイモなくしては生きられない民族」にした張本人として、後世に名を残すことになったのである。現在でも、「パルマンティエ」という名がついた料理があれば、それはジャガイモの料理であることを意味している。

アッシ・パルマンティエ

1 茹でた（または焼いた）牛肉500gを包丁で叩いて潰し、粗い挽肉にする。

2 タマネギ3個をみじん切りにし、フライパンに25gのバターを溶かして炒める。

3 **2**のタマネギに大さじ1杯の小麦粉を振りかけて色づくまで焼き、スープ20mℓを注いで15分加熱した後、冷やしてから**1**の挽肉を加えてよく混ぜる。

4 グラタン皿の底と周囲にバターを塗り、**3**のペーストを敷き詰める。

5　その上にマッシュポテトの層をたっぷり載せ、パン粉を振りかけてから溶かしバターをかけ、275℃のオーブンで15分加熱する。

「hachis《アッシ》」は挽肉、すり身、みじん切りの意(haché《アッシェ》に同じ)。アッシ・パルマンティエは、パルマンティエ（ジャガイモ）の挽肉料理、といったところか。

フランス人なら誰もが思い出を語ることができる、伝統的な家庭料理。いまでも学校や工場の食堂では定番だし、家庭でもしばしばお目にかかる、貧しくて懐かしくてしみじみと美味しい料理である。

タマネギを炒めて挽肉と合わせ、上からマッシュポテトを載せてグラタンにする。それだけのレシピだが、挽肉はナツメグを効かせて先に炒めておいたり、そこへワインを注いで風味を加えたり、そのあたりは家庭の工夫による。

料理人のつくるアッシは肉とジャガイモが半々くらいだが、家庭では残り物を利用してつくる節約料理だから、ジャガイモを掻き回して探さないと肉が見つからないこともしばしばある。その点も含めて、おそらく世界のマッシュポテト料理の中で日本のコロッケにもっとも似ている。

POTATO

茹でる　ポテトサラダ

ポテトサラダの源流

モスクワのフレンチレストラン「エルミタージュ」のシェフ、ベルギー人のリュシアン・オリヴィエが、初めてマヨネーズを使ってポテトサラダをつくった人物であるとされている。

オリヴィエが考案したサラダは、ロシアでは「オリヴィエ・サラダ」の名で知られ、ロシア以外では「ロシア風サラダ」と呼ばれる。

ロシア風サラダ（マセドワーヌ）

1　ジャガイモ、ニンジン、グリーンピースを、それぞれ塩を入れた熱湯で茹で、水を切ってからよく冷やしておく。

2　1のジャガイモとニンジンを小さなダイスに切り、グリーンピースとともにボウルに入れて、固茹でタマゴを粗みじんに切ったものを加える。

3　2にマヨネーズを加えて全体をよく混ぜ合わせる。味を見て必要ならオリーブオイルやレモン汁を加えて調整し、最後に塩で調味する。

このサラダには、マヨネーズと相性のよいハムやツナを加えてもよい。またインゲンやビーツを入れる人もいるし、タマネギ、オリーブ、ケッパー、コルニションなどでアクセントをつけたり、生クリームでコクを加えたりする人もいる。モスクワのオリヴィエ・シェフは、顧客の上流階級をもてなすために、オマールやトリュフやキャヴィアを盛り合わせたという。

現在でも、混ぜたサラダを型にはめて成形し、茹でタマゴやその他の飾りを載せてクリスマスのランチに食べる風習があるというが、基本はあくまでもジャガイモ、ニンジン、グリーンピースという3種類の野菜の組み合わせだ。

ジャガイモとニンジンを、グリーンピースと同じ程度の大きさのダイス（さいの目）に切って混ぜ合わせたもの。これをフランス料理では「マセドワーヌ」と呼ぶ。

3種混合してマヨネーズと和えれば「マセ

ドワーヌのサラダ」（ロシア風サラダの別名）。温めて料理に添えれば「野菜のマセドワーヌ」。グリーンピースの代わりにカブやインゲンなどを使うこともあるが、すべての野菜の大きさがほぼ揃っていれば、それも「マセドワーヌ」と呼んで構わない。また、数種類のフルーツを同じ大きさにカットして合わせるミックスフルーツサラダも「果物のマセドワーヌ」である。

フランス語の「マセドワーヌ」は、アレキサンダー大王で有名な古代マケドニア王国に因む言葉で、イタリア語やスペイン語では「マチェドニア」となる。フルーツサラダの呼びかたとして知っている人もいるだろう。

色とりどりの野菜や果物が混じり合っているようすを、古代王国が途絶えてから近代に至るまで、絶えずさまざまな民族が興亡して小国が乱立するバルカン半島にあった旧王国の版図にたとえてそう呼ぶようになった……という面白い説がある。

ジャガイモを潰さないサラダ

日本では、ポテトサラダは茹でたジャガイモを潰してつくる。角切りにして原型を残したままサラダにする人もいるが、茹でタマゴやハムやキュウリなどと混ぜ合わせているうちに、ジャガイモは角が取れて半分以上はマッシュポテトのように潰れてしまうことが多いだろう。

中には、最初からマッシュポテトでつくる人もいる。残り物のマッシュポテトにマヨネーズを加えれば、マヨネーズには酢とオイルが入っているし、日本のマッシュポテトはそれほどバターっぽくないので、そのままサラダのベースになる。

アメリカ人のレシピを見ると、基本的には角切りジャガイモの原型を保ったままつくるが、フォークで混ぜているうちに、やはり半分くらいは潰してしまう人がいる。日本と同じようにマヨネーズを加えるので、均一に混ぜようとするとどうしてもジャガイモが潰れるのだ。

ヨーロッパでは、サラダにするときはジャガイモを潰さないのが常識だ。

それに、ポテトサラダにマヨネーズを使う人はほとんどいない。

いまの日本のポテトサラダは、オリヴィエ・サラダを源流とするヨーロッパの系譜を受け継ぐものではなく、アメリカ流のポテトサラダを輸入したもの、と考えたほうがよさそうだ。

パリジャン風ポテトサラダ

1 ジャガイモは皮つきのまま塩を加えた水で約20分加熱する。

2 茹で上がったら湯を切り、熱いうちに皮を剥く。

3 両端を切り落とし、厚さ3～4㎜の輪切りにしてサラダボウルに入れ、ミュスカデかシャルドネなど酸味のある白ワインを少しかけて浸しておく。温かい状態で取り置く。

4 ドレッシングは、ボウルに塩、胡椒、白ワイン酢を入れてよく攪拌する。そこへオリーブオイルまたは落花生油などを加えて乳化するまで混ぜる。

5 タマネギとアサツキを粗いみじん切りにし、パセリ、セルフイユ、エストラゴンなど好みのハーブも刻んでおく。

6 食べる直前にまだ温かいジャガイモをドレッシングで和え、**5**のネギとハーブを絡める。このサラダはキリッとした酸味が特徴なので、好みで酢を余計に加えてもよい。

シルバーパレットの春のサラダ

1 小さいジャガイモ（皮の色が赤い品種がよい）20個（6～8人分）を茹で（茹で過ぎないように）、熱いうちに皮をつけたまま四つ切りにする。

2 オリーブオイル3分の1カップと白ワイン2分の1カップを混ぜ合わせ、ボウルに入れた**1**のジャガイモに振りかけ、全体によく絡むように混ぜる。室温まで冷ます。

3 その上からグリーンピース2カップ、フレッシュクリーム*2カップ、ミント2分の1カップ、チャイブ大さじ3杯を加えて、ボウルを揺すって混ぜる。塩胡椒で調味する。
＊生クリームとサワークリームを同量（1カップずつ）ボウルに入れて、泡立ててよく混ぜ合わせる。ガラスの瓶に注ぎ、蓋をして暖かい場所に12時間ほど置く。その後もう一度よくかき混ぜて再び蓋をし、冷蔵庫に36時間置いてから使う（7〜10日間もつ）。

4 冷蔵庫で数時間冷やしてから供する。

パリジャンは温かいうちに供するサラダで、シルバーパレットは冷やして食べるサラダだが、どちらも最初にジャガイモを酢（ワイン）と合わせるときは温かいうちにやる。

たまたま両方ともワインを使っているが、白ワインの酸味を付け加えるのが狙いである。後者のワインは酢の代わりだから、ワインを省きたい場合はワイン酢を加える。

伝統的に、酸っぱいサラダはワインに合わない、とされているが、ドレッシングに白ワインを使ったときは、食べながらそれと同じワインを飲むのが常道だろう。

Silver《シルバー》 Palate《パレット》 は1980年代にニューヨーク、コロンバス・アベニューにあったデリ。イタリアンやフレンチをアメリカ式にアレンジした新感覚の料理で人気を博した。従来の家庭料理とは一線を画す、春らしい清涼感あふれる一品である。

パパ・ア・ラ・ワンカイーナ

1 ジャガイモは茹でてから皮を剥き、厚さ約1㎝にスライスする。小さなジャガイモの場合は丸ごと半分か4分の1に切ってもよい。

2 固茹での茹でタマゴをつくっておく。

3 アホ・アマリージョ（辛い黄色唐辛子。パプリカと赤トウガラシで代用）はワタを取って切り分け、熱湯で茹でるかオイルで炒めるかしておく。このとき一片のニンニクも加えるとよい。

4 3の唐辛子とニンニク、オイルと塩、フレッシュチーズ（ケソ・フレスコ。カテッジチーズやリコッタなどで代用）と、甘味のないクラッカーを数枚、ミルクとともにブレンダー（ミキサー）に入れて粉砕し、滑らかになるまで攪拌する。それぞれの分量は、味を見ながらトロリとした濃いめのソース状になるように加減する。

5 皿の上にレタスを敷いて、その上にジャガイモのスライスを盛りつけ、上から3の黄色いソースを、ジャガイモが隠れるくらいにたっぷりとかけ回す。

6 ソースのわきに茹でタマゴを切って飾り、最後に黒オリーブを彩りに添える。

茹でたジャガイモにチーズのソースをかける、酢を使わない一品をサラダと呼んでよいかどうかはともかく、ジャガイモの原産地に敬意を表して、ペルーの代表的なジャガイモ料理を最後に挙げておこう。パパはジャガイモ、ワンカイーナはワンカヨ地方の、という意味である。首都リマの東方、アンデス山麓にある都市ワンカヨの女性が、ワンカヨとリマを結ぶ鉄道の建設工事で働いていた工夫たちに差し入れた弁当が発祥とされる、いまでも現地で人気がある名物料理。

ジャガイモのことを中南米のスペイン語で「papa《パパ》」と呼ぶのは、アンデスの原産地で古くから使われていたケチュア語による。本国のスペインでは「patata《パタタ》」と呼ぶが、これは中米タイノ族の言葉でサツマイモを意味していた「batata《バタタ》」がケチュア語の影響で変化したもの。一説にはローマ教皇のことを「Papa《パパ》」と呼ぶので、畏れ多い同じ音を避けたともいわれている。

英語の「potato《ポテト》」は、スペイン語の「patata《パタタ》」から伝わった。ポテトは最初サツマイモのことを意味していたが、16世紀後半からジャガイモのことを指すようになったという。

おわりに　家庭菜園からの報告

今年も梅雨の終わり頃にジャガイモの葉が枯れはじめたので、そろそろ収穫の時期だろうと思ってイモを掘った。

いつも不思議に思うのだが、毎年、きっちり等間隔に、まっすぐ畝を立てて種イモを穴に植えるのに、地上に延びた茎の元を掘っていくと、イモはあちこちに散在していてうまく見つからない。闇雲に掘り返しているうちに、シャベルがグサッと大きなイモに刺さってはじめて場所が分かるという体たらく。きちんと立てておいたはずの品種名の札もどこかへ消えている。

だから食べるときは丸いの、長いの、黄色いの……程度の分類で、料理法に合わせて品種を選ぶこともないが、まずシャベルで傷ついたイモ、次いでとにかく小さいイモ。ふつうなら捨てるような、原生種と見紛う小粒のイモも全部拾ってきて順番に食べていく。

ポテトブックを書くのにレシピを調べていたら、同じ料理でも人によって、あるいは国によって、これほどまでに作り方が違うのかとびっくりした。

それで、こんなに作り方が自由なら、アイデア料理を紹介しても意味がない、それより基本的なジャガイモ料理を深く追求するほうが面白そうだと、ひたすら料理書やネットで同じ料理のレシピを検索した。

英語やフランス語のレシピ動画は何本見ただろうか。ドイツ語やスペイン語も、言葉は分からなくても動画なら見当がつく。その結果、執筆に要した時間より、スマホの画面を見ていた時間のほうが圧倒的に長くなった。本書にはそれらを総合的に判断して、私がもっとも妥当と思うレシピを紹介した。

私は、小さい新ジャガなら皮つきで丸のまま茹でるか、オリーブオイルをかけてオーブンでローストするが、家庭菜園で掘ったジャガイモの本当の価値が分かるのは、秋が過ぎて寒くなってからである。皮が萎びて、あちこちから芽が出るようになると、味が凝縮してジャガイモは甘くなり、どんな料理法でも格段の美味になる。

毎年感じることだが、本当にジャガイモは毎日食べても飽きない。ポテトブックを書いて知識が増えたので、今年の秋から冬はさまざまなレシピを試そうと思う。

読者の皆様も、ぜひ実際に料理してみてください。できあがった料理やその過程の写真がないのは、その分だけ自由に想像力を働かせることができるので、固定観念に縛られない、あなただけの料理を生み出すのに役立ちます。

参考文献

大畑英明『ポテトスナックここが知りたい』文藝春秋、２０２１年
小菅桂子『カレーライスの誕生』講談社、２０１３年
森枝卓士『カレーライスと日本人』講談社、２０１５年
森 元幸編『ジャガイモの大百科』農山漁村文化協会、２０２０年
山本紀夫『ジャガイモとインカ帝国』東京大学出版会、２００４年
山本紀夫『ジャガイモの来た道』岩波書店、２００８年

アンドルー・スミス『ジャガイモの歴史』原書房、２０１４年
アン・ルノー『せかいでさいしょのポテトチップス』千葉茂樹訳、ＢＬ出版、２０１８年
ヘンリー・メイヒュー『ロンドン路地裏の生活誌』植松靖夫訳、原書房、１９９２年

Anne Willan, Complete Guide to Cookery, Dorling Kindersley, London, 1989
Annie Nichols, la pomme de terre, Les Edition Gründ, Paris, 1999
Eliza Warren, Cookery for Maids of All Work, Groombridge & sons, London, 1856
Fanny Farmer, The Boston Cooking-School Cook Book, 1896
Henriette Dussourd, Les secrets des fermes au coeur de la France, Berger-Levrault, Paris, 1982
Jean-Paul Thorez, pomme de terre, Editions du Chene, Paris, 2003
Joel Robuchon, Le Meilleur et le Plus Simple de la pomme de terre, Robert - Laffont, Paris, 1994
Le Grand Larousse, Larousse, Paris, 2007

そのほかインターネットでは日本語をはじめ英語、フランス語のサイトを数多く検索し、参考になる記述を比較検討した上、総合的に判断して自分の言葉で書き直しました。したがって出典は明記できませんが、多大な恩恵を蒙ったことを報告し、深く感謝します。

初出（一部改稿）

ポテトをめぐる物語

新大陸の贈りもの／不謹慎な植物／戦乱と飢饉のヨーロッパ／
タラとジャガイモの出会い／ジャガイモの食べかた／海を泳ぐ黄金／スープの語源／
失われたパン／土のないジャガイモ畑／イモに月が出ている／
アイリッシュ・シチュー……『世界の野菜を旅する』講談社現代新書、２０１０年

Column ポテトの記憶①

ミスター・リーズのサンドイッチ……『パンとワインとおしゃべりと』ブロンズ新社、１９９７年

Column ポテトの記憶③

ジャガイモ掘り……『明けゆく毎日を最後の日と思え』天夢人、２０２１年

ブックデザイン　細山田光宣、松本歩（細山田デザイン事務所）
装画　三宅瑠人
イラストレーション　西淑（p8、p42、p56）
藤井紗和（p11、p106）
nakaban（p14、p62）
楓真知子（p19、p116）
カワグチタクヤ（p27、p88）
芳賀あきな（p34、p94）
祖敷大輔（p53、p80）
編集　藤川恵理奈

玉村豊男のポテトブック

2023年9月25日　初版第1刷発行

著者　玉村豊男
発行者　小川洋一郎
発行所　株式会社朝日出版社
〒101-0065
東京都千代田区西神田3-3-5
電話　03-3263-3321（代表）
http://www.asahipress.com

印刷・製本　図書印刷株式会社

ISBN　978-4-255-01344-2 C0077